Joh. W. Matutis

Weihnachtsgeschichten

Joh. W. Matutis

Weihnachtsgeschichten

Der Retter ist da

Fromm Verlag

Imprint

Any brand names and product names mentioned in this book are subject to trademark, brand or patent protection and are trademarks or registered trademarks of their respective holders. The use of brand names, product names, common names, trade names, product descriptions etc. even without a particular marking in this work is in no way to be construed to mean that such names may be regarded as unrestricted in respect of trademark and brand protection legislation and could thus be used by anyone.

Cover image: Vom Autor bereitgestellt

Publisher:
Fromm Verlag
is a trademark of
Dodo Books Indian Ocean Ltd. and OmniScriptum S.R.L publishing group

120 High Road, East Finchley, London, N2 9ED, United Kingdom
Str. Armeneasca 28/1, office 1, Chisinau MD-2012, Republic of Moldova, Europe
Printed at: see last page
ISBN: 978-3-8416-0649-5

Joh. W. Matutis

Weihnachtsgeschichten

Der Retter ist da

PREDIGTSAMMLUNG

Band 6

Fromm Verlag

INHALTSVERZEICHNIS

EINLEITUNG

für die Verwendung des Materials der Predigtsammlung

Zum Studium

Ich empfehle, die angegebenen Schriftstellen nachzuschlagen und nachzulesen, um sich so gründlich in die Materie einzuarbeiten und zu vertiefen. Das Buch besteht aus drei Teilen und ist nicht in chronologischer Abfolge verfasst.

Die dem Wort Gottes entnommenen Schriftstellen sind fett markiert und unterstrichen dargestellt. Schriftstellen, die nicht fett markiert, aber unterstrichen dargestellt sind, wurden zwar nicht gepredigt, aber der Vollständigkeit halber hinzugefügt.

Kursiv dargestellte Texte sind Zitate, die entweder auf das Wort Gottes zurückzuführen sind oder die Liedtexten, Sinnsprüchen bzw. Lebensweisheiten entnommen wurden. Dasselbe gilt für die in Klammer aufgeführten Bemerkungen, insbesondere für die Predigthinweise.

Dieses Material ist urheberrechtlich geschützt. Verwendung, Vervielfältigung o. Ä. ist deswegen nur mit Erlaubnis des Urhebers möglich. Zu diesem Zweck senden Sie mir bitte eine kurze Mitteilung an die folgende E-Mail-Adresse: pastor@matutis.de.

Wenn Ihnen der Inhalt gefallen hat, empfehlen Sie bitte dieses Buch an Ihre Freunde und Bekannten weiter und helfen Sie mit, das Evangelium zu verbreiten. Vielen Dank!

Und nun wünsche ich Ihnen viel Freude und geistlichen Gewinn beim Lesen dieser Lektüre.

Ihr Joh. W. Matutis

www.nnk-berlin.de

Teil 1

Predigt von Pastor Joh. W. Matutis

„Der Stern der Weisen"

Der Stern der Weisen

Heute werde ich über den Stern der Weisen und über die Weisen selbst sprechen. Was können wir lernen und welche Konsequenzen können wir daraus ziehen. Ich lade euch ganz herzlich ein, die Sachen einzupacken! Die Reise damals war nicht besonders bequem. Es wurden zweitausendfünfhundert Kilometer Kamelritt vollzogen! Das ist kein Vergleich zu der heutigen Zeit, in der wir uns in ein Auto setzen und mit 180 km/h auf der Autobahn fahren. Es waren schwierige Straßenverhältnisse! Unterwegs mussten sie sich mehrmals auf die Rastplätze begeben. Zudem war das Reisen per Kamelritt oft sehr gefährlich! Die Seidenstraße war zwar damals bereits bekannt und intakt; es gab sie, aber zu reisen war strapaziös und anstrengend! Diese Leute, die den Stern am Himmel sahen, zogen sofort los. Soweit meine Einleitung.

Die Weisen begaben sich auf eine gute Reise und waren unterwegs. Sie sahen den Stern und kamen, den neugeborenen König der Juden anzubeten. Im Vorfeld möchte ich einiges erwähnen, was ich für wichtig erachte: Wir sollten die Zeichen der Zeit verstehen; sowohl diese am Himmel als auch jene im Alltag um uns herum! Wenn ein guter, geistlicher Mensch durchs Leben geht, achtet er auf die Kleinigkeiten. Jedes Detail ist so wichtig! Denn von nichts kommt nichts. Für alles, was geschieht, gibt es immer einen Auslöser. Betrachte: Die Weisen schauen zum Himmel empor und plötzlich sehen sie einen großen Stern! Fange an, die Zeichen zu deuten, auch die Sterne! Viele Menschen sagen: „Das ist Horoskopie oder Astrologie!" Die Leute damals waren astrologisch gebildet! Abraham wurde „der Chaldäer" genannt. Daniel war der oberste Chef der Chaldäer bzw. ein Wahrsager! Der Herr bestätigte ihn und führte ihn in sein Amt hinein. Nachdem er die Träume des Nebukadnezar gedeutet hatte, wurde ihm sehr viel Macht verliehen. Er war der Chef der Weisen, welcher sogar die Astrologen gerettet hatte, denn Nebukadnezar wollte alle Astrologen töten lassen, die nicht imstande waren, seinen Traum zu deuten (siehe Dan 2,12f.). Daniel rettete sie alle (s. Dan 2,24). „König, gib mir noch Zeit. Ich will den Herrn befragen und dir morgen sagen, was dein Traum zu bedeuten hat" (s. Dan 2,16). So wurde Daniel der Oberste der Chaldäer bzw. ein Wahrsager und Weissager. Erschrick nicht, was ich dir verkündige! Das war Daniel! Er war sehr einflussreich in der Schule der Astrologie, Astronomie und Zeichendeuter. Er konnte die Träume auslegen. Zeichen- und Sterndeutung war damals gang und gäbe.

Während meines Israel-Aufenthaltes wohnte ich bei den Beduinen. Ich wollte sehen, wie sie wohnen. Die echten Beduinen beschreiben den Weg über die Sterne! Während sie mit dem Finger auf sie zeigen, formulieren sie es ungefähr so: „Gehe bis zu diesem Stern, und wenn du dort angekommen bist, geh nach links." Bis heute orientieren sich die Seefahrer, Kosmonauten und Astronomen an den Sternen. Dem Polarstern z. B. messen wir eine große Bedeutung bei, denn er ist wichtig in unserer Hemisphäre. Nur Narren und Törichte sagen, dass das alles von Satan ist. Er missbraucht das alles! Es ist so schlimm, dass Satan die Dinge, die Gott einmal installierte, missbraucht! Er schuf innerhalb des Schöpfungsaktes am dritten Tag Sonne, Mond und Sterne, damit alles geregelt abläuft: Tag und Nacht, die Orientierung der Tiere, z. B. die der Zugvögel, denn sie richten sich auch nach den Sternen aus, nach dem Polarstern, und nach den Gravitationskräften der Erde. Wir müssen die Abläufe des Lebens verstehen, vor allem auch die Schicksalsschläge, und nicht einfach sagen, dass das Zufall ist. Im Leben gibt es keine Zufälle. Nichts geschieht einfach zufällig. Das Wort „Zufall", oder auch „Schicksal", ist nur ein Pseudonym, wenn Gott nicht unterschreiben möchte. Wir sollten auf die Umstände achten und uns fragen: „Warum ist es so, wie es ist?" Wir sollten auf die Tagesereignisse achten, auf die Körpersprache und natürlich auf Zeichen und Wunder! Die meisten Leute, die das Evangelium lesen, sollten Zeichen und Wunder erleben und erfahren, denn es steht geschrieben: **Da sprach Jesus zu ihm: Wenn ihr nicht Zeichen und Wunder seht, so glaubt ihr nicht (Joh 4,48).** Die da glauben werden Zeichen und Wunder sehen. Zeichen wozu? Zur Orientierung, damit du herausfindest, was der Herr sprach. Gott spielt gern das Spiel „Blinde Kuh". Mit verbundenen Augen schlägst du auf einen Topf und folgst dem Ruf, der entweder „Kalt" oder „Heiß" lautet. Du wandelst eine Wegstrecke bis folgender Ruf erschallt: „Kalt, kalt, kalt!" Daraufhin beschreitest du eine andere und hörst nun die Anweisung, die wie folgt lautet: „Heiß, heiß, heiß!" Durch Plus und Minus findest du den Weg. In der Computertechnik ist es genauso. Plus und Minus, mehr gibt es nicht. Ja oder Nein. Auf diese Art und Weise führt uns der Herr. Wir müssen lernen, die Zeichen zu deuten: „Was bedeutet das für mich?", z. B. Schmerzen am Körper. Was hat mir mein Körper zu sagen? Das Leben der Alten war sehr stark geprägt von diesen äußeren Zeichen. Die heutigen Menschen achten nicht mehr auf derartige Zeichen. Sie laufen bei einem roten Warnsignal über die Straße. Auch das gehört dazu. Die heutigen Personen missverstehen einander; sie werden enttäuscht und haben keinen Erfolg, weil sie nicht auf diese Zeichen achten. Wenn du ihnen dann die Wahrheit kundtust, bekommen sie es in den falschen Hals und werden böse auf dich.

Die Geschichte der Weisen ist eine Geschichte der Astrologen. In der Bibel steht, dass es Sternkundige (s. Mt 2,1 EU u. a.) waren. Diese Geschichte möchte ich kurz streifen und betrachten (s. Mt 2,1-10). Sie kamen, um Jesus anzubeten (s. Mt 2,11). Anfangs erwähnte ich, dass auch Abraham ein Chaldäer war. Das heißt, dass er ein Astrologe war. Bitte erschrick nicht über das, was ich dir verkündige. Abraham war ein Astrologe! Der liebe Gott nahm ihn aus der Masse heraus und sprach: „Abraham, zähle einmal die Sterne!" (s. 1 Mose 15,5a) Glaubt doch nicht etwa, dass er daraufhin damit begann, die Sterne zu zählen, etwa wie folgt: „Eins, zwei, drei, vier, fünf" usw. Nein! Er deutete sie. Er sah „den Tag Jesu" noch bevor Jesus überhaupt geboren wurde, denn er sah die Zeichen am Himmel, und hier schließt sich der Kreis! Abraham sah den Tag Jesu! Über Jesus ließen die Pharisäer später Folgendes verlauten: *„Du bist noch keine fünfzig Jahre alt und willst Abraham gesehen haben?"* (s. Joh 8,57 EU) Hier müssen wir vielleicht unsere Theologie ein bisschen korrigieren, denn wir sind zu stark von den Pietisten, Pharisäern u. Ä. geprägt! Nun kamen sie als die Ersten, die das Jesuskind anbeteten. Das sind die Weisen aus dem Fernen Osten, die entweder aus Ur, Ekbatana oder von daher kamen, wo das Volk Gottes zur Zeit ihrer Gefangenschaft verbreitet war. Es ist anzunehmen, dass ihr Glaube stark von der messianischen Hoffnung bzw. der Messiaserwartung geprägt war! Die Chaldäer nahmen es einfach aus der Hand Gottes: „Hier spricht der Herr! Das ist Sein Stern!"

Dieser Stern ist ein uraltes Symbol! Er ist ein uraltes Bild! Der Prophet Bileam sollte Israel einstmals verfluchen. Damals lud ihn der König der Moabiter nach Moab ein (s. 4 Mose 23,7). Das fand zweitausend Jahre vor Christi Geburt statt, zu der Zeit, da die Kinder Israels von dort ausgezogen waren. Dieser Prophet verkündigte, dass er den Stern Jakobs schauen würde, der jedoch noch unterwegs sei (s. 4 Mose 24,17a). Mit diesem Stern war der Stern Betlehems gemeint! Er sagte: „Ich sehe den Stern Jakobs" (s. 4 Mose 17b). Das ist eine uralte Überlieferung! Auch Zarathustra sprach von diesem Stern in seinen Prophezeiungen. Es sind uralte Weissagungen, die nicht nur von Christen und Juden wahrgenommen wurden, sondern von ganzen Völkern! Die Völker erwarteten, dass ein Stern aufgehen würde, gemacht zur Orientierung, Führung und Leitung! Und genau so geschah es! Als sie diesen Stern erblickten, riefen sie aus: „Wo ist der neugeborene König?"

Als Gott Abraham beauftragte, die Sterne zu zählen und sprach: *„So zahlreich sollen deine Nachkommen sein!"* (s. 1 Mose 15,5b), begann Abraham die Sterne zu zählen. Die Bibel teilt uns etwas über die Tierkreiszeichen mit. Das hat weder etwas mit Astrologie noch mit Horoskop zu tun! Lies, was darüber geschrieben steht (s. Hiob 38,31-33). Es geht hier um Tierkreiszeichen wie z. B. den Skorpion, den Orion und dergleichen. Außerdem lesen wir in der Heiligen Schrift von einer Prophezeiung des Propheten Jesaja. Viele denken, dass darin die Jungfrau Maria erwähnt sei. Nein, Gott selbst wird ein Zeichen geben: Eine Jungfrau wird schwanger werden und einen Sohn gebären (s. Jes 7,14a ELB). So geht es aus dieser Prophetie hervor. Die Weisen sahen die Konstellation von Saturn und Jupiter in dem Sternbild Jungfrau! Plötzlich wurde dann nun auch „die Jungfrau schwanger", denn das Bild dehnte sich aus; zwei Sterne verwandelten sich und waren in einer, der Nova, verbunden. So wurde diese Prophezeiung ersichtlich, aus der die Sterndeuter ableiteten, dass der Messias nahe sein könnte! So kam es zustande. Dass Maria eine Jungfrau war, die vom Heiligen Geist überschattet wurde, geht daraus nicht hervor. Natürlich, das ist eine ganz andere Geschichte, die aber hier nicht erwähnt wird. Die Sterne waren es, die die Heilsgeschichte offenbarten.

„Woher kommt das Licht (s. Hiob 38,12) und wie gelangt man dorthin?" (Siehe Hiob 38,19a), fragte Gott in der Diskussion den Hiob. „Bevor ich alles schuf, herrschte die Finsternis (s. Hiob 38,13), bis alles aus dem Nichts heraus erschaffen wurde." „Und wo warst du? Warst du dabei, als das alles entstand, Finsternis und Licht? Kannst du all jenes an einen Ort zusammenbringen? Ganz gewiss nicht. Ich schuf dich, bevor du geboren wurdest!" (Siehe Hiob 38,21a) Abraham sah die gesamte Geschichte Jesu in den Sternbildern, weil er ein Chaldäer und Sterndeuter war, der sich mit den Gestirnen auskannte. Als Beduine musste er Kunde über die Sterne haben. Er betrachtete sie genau! Wenn du es genau beobachtest, erkennst du die Geschichte Jesu! Vor allem gerade auch durch das, was Hiob bezüglich der Sternbilder beschreibt, kommt die gesamte Heilsgeschichte zum Vorschein: der Tod Jesu, die Auferstehung Jesu und die Verherrlichung Jesu.

Nimm dir einmal die Zeit und studiere die Bilder, die im Buch Hiob stehen. Hiob war ein sehr kluger Mann. Gott offenbarte ihm Dinge, auf welche die Astronauten gerade erst derzeit kamen. Da lesen wir unter anderem, was nachfolgend geschrieben steht: <u>Gott spannte den Himmel aus über dem leeren Raum; **die Erde hängte er auf im Nichts (Hiob 26,7 HFA).**</u> Im Mittelalter glaubten die Kirchenleute, dass die Erde eine Scheibe wäre. Dieser alte Hiob, der lange Zeit zuvor gelebt hatte und dem weder

Abraham noch Israel bekannt war, wusste schon damals, dass Gott die Erde im Nichts aufgehängt hatte! Und dann spricht er über die letzte Generation: „Wehe dieser Generation, die diesen Leviatan, das Seeungeheuer, weckt!" Und was veranlassten sie? Wasserstoff! Kernspaltung! Wehe dieser Generation! Das ist das Gericht! Die Alten haben aufgrund der Offenbarungen viel mehr gewusst, als wir denken und glauben! Woher kommt dieses ganze Wissen? So spricht Gott zu Hiob: **<u>Weißt du des Himmels Ordnungen, oder bestimmst du seine Herrschaft über die Erde? (Hiob 38,33)</u>** Ich verkündigte euch bereits etwas über diese Konstellation von Saturn und Jupiter! Und es kam noch etwas dazwischen: Dieser Komet Kohoutek, der plötzlich über Jerusalem erschien. Das war in etwa zu der Zeit, da Jesus in Bethlehem geboren wurde, also im 4. Jahr nach Christus. Die Zeitrechnung ist ja menschlich fixiert, denn erst ein Mönch wurde von Gregor dem Großen beauftragt, einen Kalender zu erstellen. Da sich dieser Mönch aber verrechnet hatte, was allgemein bekannt und unumstritten ist, kann daraus das vor oder nach Christus nicht exakt abgeleitet werden.

Die Weisen aus dem Morgenland kamen, um sich zu vergewissern, ob die Geschichte wahr sei, oder ob sie nur fantasieren und sich etwas einbilden würden. Wir haben zwar die Offenbarung, aber die Offenbarung ist immer noch nicht Wissen. Ich muss erst dabei sein und nachprüfen, ob es sich auch wirklich so verhält! Und wir wissen, dass die Engel den Hirten verkündigten, was nachfolgend geschrieben steht: **<u>Und das habt zum Zeichen: Ihr werdet finden das Kind in Windeln gewickelt und in einer Krippe liegen (Lk 2,12).</u>** Gehet hin! Das sind die Beweise! Du musst etwas Handfestes und Greifbares haben, nachdem die Offenbarung zu dir gelangte. Es reicht nicht nur, dass der Herr sie dir zutrug: „Der Herr offenbarte sich mir!" Nein, wir brauchen „Hand und Fuß" dazu! Die Weisen wollten es genau wissen. „Nicht etwa, dass wir uns etwas einbilden oder spinnen!" Sie hatten den Himmel genau studiert. Sie waren ergriffen, dass gerade in diesen Tagen so etwas passiert und „dass Gott gerade in unseren Tagen den Messias schickt!" Die Messiaserwartung damals im

Nahen Osten war sehr groß! Nur so lässt sich erklären, dass sie gekommen waren, um das Kind anzubeten. „Wo ist der neugeborene König der Juden?" Sie wollten nicht etwa nur den König huldigen, sondern sie wollten Ihn auch anbeten! Für sie war der Messias gekommen! „Er ist da! Wir wollen Ihn huldigen!" Es waren gläubige Menschen! Als sie den Stern sahen, setzten sie sich sofort in Bewegung.

Für mich ist es etwas Großartiges, dass der Himmel predigt!, dass der Kosmos predigt!, dass der Weltraum predigt! Das Evangelium wird zuerst im Kosmos gepredigt, bevor es auf der Erde gepredigt wird! Die Sterne waren die Ersten! Satan versuchte, die Sterne, die Astrologie und die Astronomie zu pervertieren und zu einer Religion zu machen! Er versucht, die Menschen zu versklaven, sodass manche ohne Horoskop gar nicht mehr leben können! Das ist Unfug! Der Himmel verkündigt Seine Herrlichkeit! Wir singen auch manchmal in unseren Chorussen: *„Der Himmel zeugt von der Herrlichkeit des Herrn der Herrn!"* Es geht nicht nur um die Sonne, um den Mond und um die Sterne, damit wir etwas am Himmel haben, das glitzert. Nein! Da ist eine Sprache! Der Himmel predigt! Das war für die Weisen eine himmlische Botschaft! Dass so etwas am Sternenhimmel stattfand, faszinierte sie! So etwas sahen sie noch nie! Für sie hatten die Sterne eine Bedeutung! Saturn, der Stern der Könige! Jupiter, der Stern der Juden! Sie gelangten zueinander! Sie dachten: „Wenn diese beiden Sterne zusammen einen Stern bilden, eine Nova oder dergleichen, muss etwas Gewaltiges passiert sein!" Mit bloßem Auge, ohne optische Geräte, horchten und klopften sie den Himmel ab und betrachteten ihn. Auch die Chinesen wissen genau über die Geschehnisse am Himmel Bescheid.

Vor Jahrtausenden kannten die Menschen nichts anderes als die Sterne, als sie sich auf einer Seefahrt oder auf einer Wanderung durch die Wüste befanden. „Wenn du dort hingelangst, nimm den Stern sowieso zur Rechten und den Stern sowieso zur Linken!" Dieses Wissen über den Kosmos wurde von Generation zu Generation weitergegeben. In der heutigen Raumfahrttechnik spielt das Sternensystem eine ganz wichtige Rolle. Seit Jahrtausenden dienen die Sterne immer wieder als Wegweiser! Du sagst: „Bruder Matutis, was predigst du?" Ich muss dir sagen: „Der Herr offenbart sich im Kosmos!" Es steht geschrieben: **Denn so [sehr] hat Gott die Welt geliebt, dass er seinen eingeborenen Sohn gab, damit jeder, der an ihn glaubt, nicht verlorengeht, sondern ewiges Leben hat (Joh 3,16 SLT).** „Schaut!", spricht der Herr, „mein Sohn kommt, wie ich es vorausgesagt habe", wie nachfolgend geschrieben steht: **Darum wird der Herr selbst euch ein Zeichen geben: Siehe, die Jungfrau wird schwanger werden und einen Sohn gebären und wird seinen Namen Immanuel nennen (Jes 7,14 ELB).**

Fast alle Völker, zumindest die großen dieser Welt – und das ist auch noch eine interessante Beobachtung von mir –, haben Sterne auf ihren Fahnen. Die Amerikaner haben mehr als fünfzig davon. Das Europabild hat zwölf Sterne. In der Endzeit kamen Sterne auf! Die großen Mächte, wie Russland, China u. a., besitzen sie. Israel hat einen merkwürdigen Stern: das Hexagramm. Das ist nicht der Davidstern, wie manche denken, sondern ein altes, okkultes Schutzsymbol. David trug einen solchen Stern nicht! Dieser Stern hat nichts mit David zu tun, sondern mit Astrologie, Horoskop und Magie! Die wahre Astronomie, wenn wir Gott und die Natur beobachten, die im Tierkreiszeichen zu sehen ist, sagt aus: Gott kommt! Er offenbart sich! Der Herr wirkt! Das geht nicht aus den Horoskopen hervor. Vergiss es! Das ist alles menschlich. Die Sterne haben keinen Einfluss auf dich und auf deine Geburtszeit. Es macht eventuell schon etwas aus, ob du im Frühling, im Sommer, im Herbst oder im Winter geboren bist. Die Menschen, die im Frühling geboren sind, leben eher auf und sind gestärkt, im Gegensatz zu den im Winter geborenen. Das mag eventuell einen minimalen Einfluss haben. Aber die Sterne sind nur im Zusammenhang mit Jesus und Seiner Geburt bedeutungsvoll.

Die Weisen und Sternkundigen suchten nicht irgendein Baby, sondern den neugeborenen König der Juden! Sogar im Fernen Osten, also zweieinhalbtausend

Kilometer entfernt, wurde die Geburt Jesu wahrgenommen! Nicht nur etwa in Bethlehem! Die Menschen in Jerusalem verschliefen dieses Ereignis! Nur die Weisen aus dem Morgenland sahen Ihn! Wir müssen wissen: Jesus war nicht mehr im Stall zu dieser Zeit. Maria und Josef hatten längst irgendwo Quartier in einer Herberge oder dergleichen bezogen. Die Könige waren längst abgereist. Herodes erkundigte sich und fragte: „Wann erschien euch denn dieser Stern?" Das muss etwa zwei Jahre her gewesen sein, denn die Knaben, welche er töten ließ, waren zwei Jahre und darunter. Er hatte Angst. Du siehst, in der Zeit, in welcher der Herr Geschichte macht, versuchen auch die Regierungen und Politiker Geschichte zu machen! Beides geht Hand in Hand. Kaiser Augustus ließ ein Gebot ergehen, dass alle Welt sich schätzen lassen solle. Herodes erschrak und brachte die Knaben um. All das passierte zu der Zeit, da Jesus geboren wurde. Von Augustus erhielten wir sogar den Namen für den Monat August, und von Kaiser Oktavian den Namen für den Monat Oktober. Daher kommen die Zeiten. Diese Machthaber versuchten, die Welt zu beeinflussen. Doch wer beeinflusste die Welt am allermeisten? Jesus Christus! Wäre Jesus nicht erschienen, wüssten wir heute nichts von Cäsar, von Mose oder von den Römern. Er gab der Welt ganz neue Impulse.

Die Weisen aus dem Fernen Osten kamen und wollten Jesus sehen: „Wo ist Gott? Wo ist der König? Wo ist der Messias?" Bisher war der Herr ein verborgener Gott. Sie dachten, „Er muss offenbar werden!", denn sie besaßen die Weissagung des Propheten Jesaja schon bevor die Juden nach Babylon kamen. Dieses Zeugnis nahmen sie mit. Sie wussten: „Eine Jungfrau wird schwanger werden", und nun passierte es im Sternbild Jungfrau vor ihren Augen. „Etwas Großartiges muss passiert sein!" Die Heiden erkannten mehr von Gott als die Juden in zweitausend Jahren Gottesoffenbarung! Sie hatten so viele Prophetien, Weissagungen und Impulse! Sie wussten ganz genau, wo der Messias geboren werden würde! Obwohl die Herberge nur zehn Kilometer von Bethlehem entfernt war, begaben sich die Frommen nicht dorthin, um den neugeborenen König zu sehen. Schade! Aber die Weisen aus dem

Morgenland nahmen die weite Wegstrecke von etwas zweitausendfünfhundert Kilometern auf sich. „Wo ist der neugeborene König?" Die Juden wussten, wo der Messias geboren werden sollte, aber sie gingen nicht hin! Für die Weisen war diese himmlische Erscheinung eine göttliche Offenbarung! So präzise! Sie sagten: „Stärker kann uns das nicht offenbart und verdeutlicht werden!" Lies es einmal selber nach (s. Mt 2,1ff.). „Wir im Morgenland, im Fernen Osten, sahen Seinen Stern und kamen, Ihn anzubeten!" Fehlte nur noch, man hätte festgestellt, dass sie aus China, dem Land vom Aufgang der Sonne, hierher gelangt seien. Denn wir wissen ja, dass die Chinesen in der Endzeit auch einmal über den Euphrat kommen werden. Diese aus dem Fernen Osten sahen Seinen Stern. Sie berichteten über den Kometen Kohoutek ganz exakt, wann er erschien, und auch, dass er gleich zweimal erschien. Man kann dadurch einiges in Erfahrung bringen und selbst seine eigenen Schlüsse ziehen.

Die Weissagung des Bileam über den Stern aus Jakob: Er weissagt das Kommen Jesu! Obwohl er Israel verfluchen sollte, musste er dieses Land gegen seinen Willen segnen! So arbeitet Gott manchmal! Es steht geschrieben: **Ich sehe jemanden in weiter Ferne. Noch ist er nicht da, aber ich kann ihn schon erkennen. Ein Stern steigt auf bei den Nachkommen von Jakob, ein Zepter erhebt sich in Israel. Es zerschmettert Moab den Schädel und zerschlägt sein wildes Kriegsvolk (4 Mose 24,17 HFA).** *„Ich schaue Ihn"*, ruft Bileam aus. Wen meint er? Christus, den Messias und Heiland! „Aber jetzt noch nicht! Ich schaue Ihn zwar, aber Er ist noch nicht in der Nähe." Ein Stern steigt auf aus Jakob und ein Zepter erhebt sich aus Israel! So exakt! Seitdem lebte „die Hoffnung aus Israel" in den Tagen bei den Menschen im Nahen Osten, im Orient und wo immer sie sich auch befanden: „Der Erlöser, der König, naht!" Sein Zepter stellt ein Bild für Regierung und Herrschaft dar. Interessiert fragten sie: „Wo ist der neugeborene König?" Deshalb kamen sie so eilend, um dabei zu sein und mitzuerleben, wenn Gott etwas tut.

Im Buch der Offenbarung Kapitel 22 spricht Jesus die folgenden Worte aus: **Ich, Jesus, habe meinen Engel gesandt, euch dies zu bezeugen für die Gemeinden. Ich bin die Wurzel und das Geschlecht Davids, der helle Morgenstern (Offb 22,16).** Wurzel und Spross Davids! Der leuchtende Morgenstern! Ich kann darüber eine ganz tolle Predigt halten. Christus ist unser leuchtender Morgen- und Abendstern! Er begleitet uns, wenn wir abends zu Bett gehen, und Er ist bei uns, wenn wir früh am Morgen aufstehen. Des Weiteren steht geschrieben: **Denn Gott, der da sprach: Licht soll aus der Finsternis hervorleuchten, der hat einen hellen Schein in unsre Herzen gegeben, dass die Erleuchtung entstünde zur Erkenntnis der Herrlichkeit Gottes in dem Angesicht Jesu Christi (2 Kor 4,6).** Der Herr hat dem Licht geboten, dass es aus der Finsternis hervorbricht! Und auch unser Herz lichtet sich, damit wir erleuchtet werden in der Erkenntnis der Herrlichkeit Gottes im Angesicht Jesu Christi! Damit sie erleuchtet werden! Die Weisen wurden erleuchtet! Sie sahen Seinen Stern! Wie bibberte ihr Herz! Wie fasziniert waren sie! Ich muss eines sagen: Gott tut nichts, ohne es zuvor Seinen Knechten und Mägden kundzutun (s. Am 3,7). Er tut nichts, ohne zuvor ein Zeichen gegeben zu haben! Gott überfällt die Menschen nicht, etwa durch Worte wie: „Jetzt ist der Heiland geboren." Jahrhunderte im Voraus kündigt Er es an! Abraham sah eben denselben Stern, welchen die Weisen sahen! Es braucht oft Lichtjahre, bis das Licht von den Sternen zu uns gelangt. Er sah den Tag des Herrn. So verkündigt es der Herr Jesus. Voller Freude sah er ihn (s. Joh 8,56). „Wie kannst Du sagen, dass Du seinen Tag sahst" sowie: *„Du bist noch nicht fünfzig Jahre alt und hast Abraham gesehen?"* Ja, doch! Bei Gott ist alles möglich! Traue Ihm etwas zu! Gott ließ ein Licht leuchten! Es steht geschrieben: **Das Volk, das in Finsternis saß, hat ein großes Licht gesehen; und denen, die saßen im Land und Schatten des Todes, ist ein Licht aufgegangen (Mt 4,16).** Das Volk, welches im Finstern saß, sah ein großes Licht! Die im Fernen Osten, im Westen und überall da, wo Menschen saßen und den Göttern und Gottheiten dienten, die nicht imstande waren, ihnen zu helfen, sahen etwas! „Etwas Neues tut sich!" Es geschah im Kosmos! Alles Große passiert zuerst im Himmel und nicht auf

Erden! Alles Große passiert zuerst im Himmel! Im Wort Gottes ist aufgezeigt, dass unser Wandel im Himmel ist (s. Phil 3,20a). Unsere Erlösung ist im Himmel und nicht hier auf Erden. Was hier auf Erden passiert ist nur die Spitze des Eisberges!

Gott tut nichts, ohne es zuvor durch ein Zeichen anzukündigen. Er würde sich schuldig machen, wenn Er etwas tun würde, ohne zuvor durch ein Zeichen darauf hinzuweisen. Deshalb ist die Prophetie des Bileam so bedeutungsvoll! Und deshalb war auch Bileam wichtig, so verkehrt wie dieser Mann auch war. Der Herr setzt auch Bösewichte ein. Schlechte Menschen, die wie Bileam fürs Geld arbeiten, benützt Er, um den Herrn Jesus anzukündigen, gegen Seinen Willen! Er sagte den Erlöser voraus: „Er wird kommen!" Stellt euch das Folgende vor: Er sieht, wie der Nachkomme Jakobs, einem Stern gleich, aufsteigt und, wie Er Sein Zepter erhebt, einem Kometen gleich! Dieser König tritt den Siegeszug gegen Seine Feinde an! *„Es zerschmettert Moab den Schädel"*. Entsetzlich! *„Und zerschlägt sein wildes Kriegsvolk"*. Damit ist nicht das Volk gemeint – der Begriff, der für die Menschen steht –, sondern die Dämonen, Mächte, Fürsten und Gewalten; diese, die dem Volk Gottes im Weg stehen und Seine Sache blockieren! Ja, das weissagte Bileam.

Jesus war gerade einmal geboren, da machte sich König Herodes auf, um Ihn zu bekämpfen (s. Mt 2,16). Du siehst, Jesus ist kaum da, hat noch kein einziges Wort gepredigt, kein einziges Wunder gewirkt, keinen einzigen Kranken geheilt, und nichts bewirkt, da beginnt schon der Kampf zwischen Licht und Finsternis bzw. zwischen Gott und Satan.

„Wir sahen Seinen Stern!" riefen die Weisen aus. Und ich sage euch eines: Alles führt zu Jesus! Auch die Sterne, und sogar der größte Unsinn, der um uns herum stattfindet, führt zum Herrn. So steht es im Brief des Apostel Paulus an die Römer. Lies, was nachfolgend geschrieben steht: **<u>Wir wissen aber, dass denen, die Gott lieben, alle Dinge zum Besten dienen, denen, die nach seinem Ratschluss berufen sind (Röm</u>**

8,28). Das umfasst alles, sowohl das Gute als auch das Unangenehme. Die meisten denken, dass uns nur das Gute zum Besten dient. Nein! Vielmehr das Schlechte! Sie sprachen: „Wir sahen Seinen Stern!" Dieser Stern leuchtet für Jesus; nicht für dich. Aus diesem Grund erwähnte ich vorhin, dass ich nichts von der Astrologie halte. Ich glaube nicht an Sternbilder. Es geschieht immer nur das, was du glaubst. Sobald du liest, was im Horoskop steht, z. B.: „Gehen Sie heute nicht aus dem Haus", oder „Treffen Sie heute keine Entscheidungen", wird es geschehen! Das ist alles Unfug! Lebe dein Leben wie bisher. Es liegt in Gottes Hand und ist nicht von irgendwelchen Sternenkonstellationen abhängig. Es gibt einfältige Menschen, wie z. B. die Demeter-Leute, die sich bezüglich der Gemüsesaat an der Mondkonstellation orientieren. Später verkaufen sie ihre Ware als ein Demeter-Produkt. Das ist Unfug! Die Saat wird hervorgebracht, geht auf und wächst, so oder so, unabhängig von dem Mond, der die Gezeiten Ebbe und Flut bewirkt und sogar einen Einfluss auf die Menstruation der Frau hat.

„Wir sahen Seinen Stern!" Dieser Stern hatte Einfluss auf gebildete, intelligente Menschen! Törichte werden es nicht verstehen! Sie nehmen unter Umständen ein wenig mehr Licht am Himmel wahr, aber nicht mehr. Doch gebildete, denkende Menschen folgen diesem Zeichen und durchstreifen Wüsten! Sie werden wie von einem Magneten angezogen und sagen: „Wir müssen das sehen und dabei sein!" So ist es, wenn der Herr sich in unserem Leben offenbart. Wir werden angezogen. Du sprichst Worte wie: „Ich muss dabei sein! Ich muss es erlebt haben! Ich muss es gesehen haben! Ist das wirklich wahr?" Und genau darum geht es. Wir sollen wieder hungrig werden und sagen: „Ich will die Wahrheit kennenlernen!" Der Stern zog die Menschen wie Wagenseile an, denn sie wussten, dass sich dahinter eine Geschichte verbirgt. Folgendes teilten sie mit: „Ich will ganz genau sehen, was Gott hier verrichtet, und zwar bis ins kleinste Detail." Sie machten sich auf den Weg und folgten dem Stern nach, unabhängig davon, was die anderen über sie dachten und sagten. Ich kann mir sehr gut vorstellen, was sie dachten damals: „Ihr seid

Dummköpfe, diesem Stern zu folgen!" Doch sie erwiderten: „Wir müssen dergleichen tun! Wir haben etwas geschaut und den Eindruck gewonnen, dass da etwas Gewaltiges geschieht!" Sie wurden angezogen! Weißt du, sie waren weise und nicht töricht! Sie kannten Gott und hatten Kenntnis über Ihn erlangt. Sie wussten genug, um nach Bethlehem zu finden. So verhält es sich auch oft bei uns. Oftmals haben wir nicht genug Ahnung von Gott und Seinem Wort, aber wir wissen, dass es etwas Wahres beinhaltet und beten: Herr, wenn es Dich gibt, offenbare Dich mir!" Gott, wenn Du existierst, bitte hilf mir!" „Gott, wenn Du da bist, möchte ich Dich kennenlernen, erleben und erfahren!" Das Interessante dabei ist, dass Gott diesen Stern nur gerade so lange gebraucht hatte, bis sie bei Jesus angekommen waren. Nachdem sie Jesus gefunden hatten, stand er auf einmal still. So ist es im Wort Gottes aufgezeigt (s. Mt 2,9b SLT). Plötzlich wanderte der Stern nicht weiter, doch den ganzen Weg von zweieinhalbtausend Kilometer über, begleitete er sie, solange bis sie vom Wege abkamen. Weißt du, wie es dazu kam? Es kam dazu, weil sie nach der Logik, nach ihrem Verstand und nach ihrem menschlichen Dafürhalten gingen. Von dem Moment an, da sie ihren Verstand einschalteten und sprachen: „Ach, Er wird in einem Palast oder in einem Tempel geboren werden", gerieten sie vom Weg ab. „Er ist nicht in einer toten Kirche!" Sie dachten menschlich! Sobald wir nach unserem Dafürhalten gehen, verlieren wir den Zug der Offenbarung und die Magie, welche uns anspornt und zieht. Sobald wir beginnen, menschlich zu denken und Worte zu sagen, wie: „Ach, dieser ist bestimmt in der großen Kirche", oder „Ach, jener ist bestimmt bei dem großen Superstar", geraten wir auf Irrwege.

Ich bewundere diese Weisen! Sie müssen sich sehr komisch vorgekommen sein, als sie in Jerusalem einzogen und merkten, dass keiner etwas von der Geburt Jesu wusste. Keiner hatte etwas gehört oder gesehen (s. Mt 2,3). Sie erschraken, wurden nervös und unruhig und dachten sich: „Da stimmt irgendetwas nicht. Vielleicht irrten wir doch, und Satan lockte uns auf die falsche Fährte!" So werden wir oft verunsichert, nachdem wir die Offenbarung erhielten und daraufhin versuchen, uns nach menschlichen Maßstäben zu verhalten! Sie spürten, dass niemand in Jerusalem davon Notiz nahm und sprachen: „Das kann nicht wahr sein! Wir sahen es doch! Es muss also wahr sein!" Was steht denn darüber in den Schriften? Und sie forschten (s. Mt 2,4) und fanden das Folgende heraus: Ein wahrer Gläubiger, der zu Jesus fand, sucht solange, bis er Frieden im Herzen hat. Erst dann ist er beständig und unbeweglich. Die Weisen sprachen: „Gut, wir gehen, auch wenn ihr nicht mitgeht!" Das Erstaunliche ist, dass keiner aus Jerusalem mitging, nicht einmal als eine Begleitperson, damit es möglich werden würde, schneller nach Bethlehem zu gelangen.

„Adam, wo bist du?", so lautet die erste Frage im Alten Testament, als Gott ihn suchte (s. 1 Mose 3,9). Die erste Frage im Neuen Testament, da der Mensch nach Gott suchte, lautet: *„Wo ist der neugeborene König der Juden?"* (Siehe Mt 2,2a) Im Alten Testament versteckt sich Adam vor Gott, aber im Neuen Testament offenbart sich Jesus als Mensch und wird so sichtbar gemacht! Jeder Mensch hat eine Ahnung von Gott. Jeder Mensch weiß, dass es ein höheres Wesen gibt, wie auch immer man es nennen mag. Alle großen Religionen sprechen von einem höheren Wesen, das alles kontrolliert, bestimmt und beherrscht. Die Menschen wissen! Das ist ein Rest aus dem Paradies. Und dennoch: Sie sehen den Stern! Sie ahnen etwas! Aber sie folgen ihm nicht!

Es ist gefährlich, sich auf Menschen zu verlassen! Wir müssen selber suchen! Die Weisen sagten: „Wir geben die Suche nicht auf!" Ich suche solange, bis ich es gefunden habe. In meinem Leben war es auch so. Ich forcierte die Suche nach Gott. Als ein junger Mann fragte ich mich, ob das wirklich alles gewesen sei. Ich sagte zu mir: „Du studierst, du arbeitest, du lernst, du verdienst Geld, aber soll das wirklich alles sein?" Bis ich dann merkte: „Das ist nicht alles!" Und ich begab mich weiter auf die Suche. Als ich Christ, Kind Gottes und an Jesus gläubig wurde, fragte ich mich noch einmal: „Ist das wirklich alles, was ich jetzt habe?" Die Sündenvergebung, und zu wissen, dass ich in den Himmel komme, denn die Hölle ist nun zu weit weg. Also, ich werde nicht mehr verlorengehen. Und ich befragte Gott: „Ist das wirklich alles?" Und Er führte mich weiter! Wir sollten nicht stehenbleiben, bis wir Jesus gefunden haben; bis wir das gefunden haben, was Er uns anzubieten hat!

Die Weisen gaben nicht auf. Sie wollten es genau wissen und exakt das Ziel erreichen. Sie kamen, um Jesus zu sehen, und nicht, um in Jerusalem Theologie zu studieren oder etwas über den Herrn zu lernen. Nein! Sie wollten Jesus sehen! Unser Anliegen sollte grundsätzlich das folgende sein: „Ich will Jesus sehen! Ich will Jesus erleben! Ich will Jesus persönlich kennenlernen! Ich will weder eine Kirche noch eine Organisation noch einen Verein, sondern Jesus kennenlernen!" Die Frage ist, wo findet man Ihn? Die Weisen kamen nicht nach Jerusalem, um das Judentum, die Gesetze, Reinheitsvorschriften oder deren Gottesbewusstsein zu studieren! Sie wollten auch nicht den in Glanz und Gloria schimmernden Tempel sehen, den Herodes gerade wiederherstellen gelassen hatte, sondern sie wollten Jesus, den Sohn Gottes, finden! Unser Hauptanliegen sollte sein: „Ich will Jesus sehen!" Ja, Jesus! Keine exklusive, neu eingeweihte Kirche, Orgel o. Ä.!

In unserer Gemeinde war einmal Peter van Woerden, der Neffe von Corrie ten Boom, zu Gast. Er predigte und gab ein Zeugnis darüber ab, wie er zum Glauben fand. Damals wurde in seiner Heimatstadt in den Niederlanden eine neue Orgel eingeweiht. Er spielte leidenschaftlich gern auf diesem Instrument. Er kam mit drei Armen zur Welt. Ein Arm wurde entfernt, aber er beschwerte sich danach und fragte, warum die Ärzte das getan hätten, da er mit drei Händen doch viel besser das Instrument hätte spielen können. In eine Kirche wollte er nicht gehen, aber Gott – so gestand er es selbst – erreichte ihn auf Umwegen. Ja, Gott erreicht die Menschen auf Umwegen! Er saß in der Kirche, und immer, wenn die Predigt begann, hielt er sich die Ohren zu. Aber eine Fliege nahm auf seiner Nasenspitze Platz, und gerade in dem Augenblick, da er sie verscheuchen wollte, sprach Gott: „Wer Ohren hat zu hören, der höre, was der Geist sagt!" (Siehe Offb 2,7a) Er war so erstaunt, dass er gerade diesen Aufruf hörte, denn eigentlich wollte er seine Ohren verstopfen, um die Predigt nicht zu hören. Gott erreicht Seine Leute mitunter auf merkwürdige Art und Weise! Er erreicht sie durch eine Fliege! Halleluja! Peter van Woerden wurde zu einem großen Segen! Er schrieb sehr viele Lieder für den Evangeliums-Rundfunk.

Die Weisen kamen und fragten: *„Wo ist der neugeborene König der Juden?"* Wir wollen nicht die Orgel sehen! Peter van Woerden teilte mit, dass er später kein Interesse mehr an der Orgel hatte, sondern am Wort Gottes! *„Wer Ohren hat, der höre"* usw. Gott offenbart sich, die Frage ist nur, hören wir auch, was Er zu uns spricht? Wir suchen Gott – das sollen wir ja tun – doch es genügt nicht, Gott zu finden! „Wir kamen nach Bethlehem und fanden das Kind, und es waren sogar noch die Mutter Maria und der Vater Josef dabei!" Das war eine alte Überlieferung! Das stimmt alles. Das Wort Gottes deckt sich. Aber das reicht nicht aus! Weißt du, was sie taten? Sie beteten den König, diesen Säugling, den kleinen Jungen, das Baby an! Vielleicht war er zwei Jahre alt. Weiter offenbart uns das Wort Gottes, dass sie ihre Schätze auftaten. Sie schenkten Weihrauch, Gold und Myrrhe. Wenn sie nicht genau gewusst hätten, dass das der Messias, der verheißene Sohn Gottes, wäre, und wenn sie nicht diese himmlische Offenbarung gehabt hätten, dass in Ekbatana Jesus geboren werden würde, hätten sie Herodes angebetet oder einen anderen Knaben! Aber sie beteten den Messias an. Im Buch des Propheten Daniel Kapitel 2 wurde die Auslegung des Traumes bestätigt (s. Dan 2,1-45). Daniel war ein Weiser, der über die Weisen gesetzt war, und er hatte gepredigt, dass der Messias kommen würde. „Er wird in Bethlehem geboren werden!" Die Weissagungen des Propheten Micha existierten; diese kannten sie. Sie sagten zu sich selbst: „Diesen wollen wir anbeten, nicht irgendjemanden!"

Wir müssen aufpassen, dass wir nicht den falschen Jesus anbeten, wie es überall gang und gäbe ist! So spricht der Herr: **Denn es werden falsche Christusse und falsche**

Propheten aufstehen und große Zeichen und Wunder tun, sodass sie, wenn es möglich wäre, auch die Auserwählten verführten (Mt 24,24). Deshalb ist wichtig, dass du herausfindest, ob das der richtige Jesus ist, den du dafür hältst! Auch wir sollen sehr kritisch sein für uns persönlich und prüfen, ob der Jesus, den wir anbeten, der richtige ist, dieser, den der Vater sandte, der im Fleisch kam und der auf Golgatha für mich starb (s. 1 Tim 3,16). Die falschen Christusse tun nur Zeichen und Wunder und verzaubern das ganze Volk (s. Apg 8,9f.). Diese sind mächtig und gewaltig; ein Engel des Herrn womöglich (s. Gal 1,8). Finde den richtigen Jesus heraus.

Weißt du, wo dieser zu finden ist? Er ist in der Demut, in der Bescheidenheit und in der Niedrigkeit zu finden, in Bethlehem, und nicht in der hochheiligen, hochgelobten Stadt Jerusalem! Gott konnte alle bewegen, bloß die fromm-religiösen Juden aus dieser hochheiligen Stadt Jerusalem nicht! Diese fromm-religiösen Juden waren die stursten Menschen auf der Erde. Sie riefen aus: „Wenn der Messias geboren wird, dann wird Er in Jerusalem zur Welt kommen!" Von wegen! Gott geht andere Wege! Es geschah in Bethlehem! Das Wort des Herrn, welches gemäß der Überlieferung aus der Heiligen Schrift offenbar wurde und nachfolgend niedergeschrieben ist, lautet wie folgt: **Und du, Bethlehem Efrata, die du klein bist unter den Tausenden in Juda, aus dir soll mir der kommen, der in Israel Herr sei, dessen Ausgang von Anfang und von Ewigkeit her gewesen ist (Mi 5,1).** Du kleinste aller Städte, aus dir soll der Messias hervorgehen. Der Herr wählt die Kleinsten, Geringsten, Einfachsten und Törichtesten, wie geschrieben steht, siehe hier: **Sondern was töricht ist vor der Welt, das hat Gott erwählt, damit er die Weisen zuschanden mache; und was schwach ist vor der Welt, das hat Gott erwählt, damit er zuschanden mache, was stark ist; und was gering ist vor der Welt und was verachtet ist, das hat Gott erwählt, was nichts ist, damit er zunichtemache, was etwas ist, auf dass sich kein Mensch vor Gott rühme (1 Kor 1,27-29).** Das hat sich Gott erwählt! Schrecklich! Und gerade zu diesem Jesus in Bethlehem führt sie der Stern der Weisen! Die

Pharisäer und Religiösen blieben stur und beteten weiter. „Wir beten weiter, bis der Messias kommt!" Sie beten noch heute und der Messias kam nicht.

Als ich einstmals in Israel auf dem Ölberg war – ich war in einem Gebäude gegenüber des Tempels einquartiert –, traf ich auf meiner Wohnetage einen alten Rabbiner, der allmorgendlich zum Goldenen Tor hinüberschaute. Als ich ihn ansprach, worauf er denn eigentlich blicken und was ihn bewegen würde, antwortete er mir: „Wissen Sie, ich warte auf den Messias. Wenn das Goldene Tor offen ist, dann kam der Messias!" Aber es ist bis heute noch zugemauert! Warum? Weil der Herr Jesus sprach: „Ich werde nicht durch dieses Goldene Tor einziehen, es sei denn, ihr sagt: *„Hosianna! Gelobt sei, der da kommt in dem Namen des Herrn!"* (Siehe Mt 21,9b)

Die echt gebildeten Weisen geben nicht an! Sie sind nicht wie die super Frommen, die sagen: „Ich danke Gott!" Nein! Sie suchen weiter! Sie maßen sich nichts an! Sie sind nicht arrogant und hochmütig! Sie gehen und suchen solange, bis sie gefunden haben! Sie benutzten die Unterweisung des Sternes bis dorthin. Gott will zu dir sprechen und sich dir mitteilen! Viele bleiben nur Sterngucker. Viele lesen zwar die Bibel, aber sie verstehen und erleben sie nicht, weil sie sie nur mit dem Verstand lesen und nicht mit dem Herzen. Sie lesen nur das, was ihnen gefällt. Bibellesen macht noch niemanden selig! Bibellesen rettet noch niemanden! Ebenso wenig der Kirchgang! Wir müssen weitergehen und nicht nur die Bibel lesen! Die Juden besaßen zwar die Heilige Schrift, aber sie machten sich nicht auf, um nach Bethlehem zu gehen. Dafür aber die Weisen, die den Stern schauten. Sie besaßen keine Bibel, sondern bloß Notizen, doch sie stellten die Frage, wo denn der neugeborene König der Juden ist. Sie verkündigten: *„Wir haben seinen Stern aufgehen sehen und sind gekommen, ihn anzubeten"* (s. Mt 2,2b). Sie waren weise! Sie suchten und fragten nach Ihm. Lies, was in der Heiligen Schrift steht. Jeder Rechtsanwalt ist bevor er Jura studiert verpflichtet, die Bibel mindestens einmal durchgelesen zu haben. Wie viele gläubige Rechtsanwälte haben wir? Bibellesen allein macht niemanden gläubig, und der Kirchgang gleichfalls nicht!

Was für ein Schock muss es gewesen sein, als die Leute aus dem Fernen Osten ankamen, beladen mit Weihrauch, Gold und Myrrhe! Sie kamen nicht wie Bettler angereist, sondern wie reiche Leute mit Bodyguards. Bei einem Goldtransport muss man sicher sein, dass unterwegs nichts gestohlen wird. Wahrscheinlich führten sie sogar eine ganze Armee bei sich. Manche Bibelausleger sagen, dass die Weisen Könige waren. Sie kamen, um den neugeborenen König anzubeten. Deshalb empfing Herodes seinesgleichen auch auf Augenhöhe. Sie kamen nach Jerusalem, um den König anzubeten, den sie aber gar nicht in Jerusalem vorfanden. Herodes, dieser Tyrann, erschrak sich, als er vernahm, dass ein Nebenbuhler, der ihm Konkurrenz machen könnte, geboren worden ist! Diese Konkurrenz duldete er nicht. Er wollte ihn aus der Welt schaffen (s. Mt 2,16). Ich machte mir sehr viele Gedanken über die Weisen. Darüber, dass sie stille blieben und durchhielten. „Wo ist der neugeborene König? Lasst es uns herausfinden?“ Sie verunsicherten die Leute nicht weiter, sondern erklärten dem Herodes, was sie geschaut hatten; und sie zogen weiter. Sie suchten für sich weiter, bei den Schriftgelehrten und Pharisäern, solange, bis sie Jesus gefunden hatten. Sie wurden nicht enttäuscht! Und ich sage euch eines: Wenn wir Jesus ehrlich und aufrichtig suchen, werden wir nicht enttäuscht.

Wo sollte Jesus geboren werden? Eigentlich hätte Er in Nazareth geboren werden sollen. Doch damit Er in Bethlehem geboren werden konnte, musste Kaiser Augustus ein Gesetz erlassen (s. Lk 2,1), damit die Eltern nach Bethlehem kamen, denn sie waren aus dem Hause Davids (s. Lk 2,4). Jesus wurde stets der Nazarener genannt, nicht der Bethlehemiter. Er identifizierte sich immer mit Nazareth, nicht mit Bethlehem! Dennoch kam Er in Bethlehem zur Welt (s. Lk 2,15f.). Wo genau wurde Er geboren? Nur zwei Stunden Fußmarsch von Jerusalem entfernt! Einen Sonntagsspaziergang nach Bethlehem hätte man dorthin machen können, denn Maria und Josef waren noch dort. Man hätte nachforschen können. Aber was erwartest du von einem kleinen Kind?

Die Weisen suchten solange, bis sich ihnen die Offenbarung bestätigte, dass Er der neugeborene König ist. Der Stern stand still über dem Haus, indem sich das Kind, Josef und die Mutter aufhielten (s. Mt 2,9b). So arbeitet Gott. Sobald man Jesus gefunden hat, wandert der Stern nicht weiter; er verharrt. Es wäre so schön, wenn der Heiland dich weiterführen würde! Aber es reicht! Jesus allein ist genug! Du brauchst nicht noch mehr. Jesus spricht: „Wer mich hat, hat alles, was der Himmel hat." So viele Christen fragen: „Möchtest du nicht wissen, was Gott von dir denkt?" Nein! Das Wichtigste ist, dass du Gott kennst und erlebst, und dass du Ihm begegnet! Als sie sich im Grabes-Garten aufhielten, in dem Jesus beerdigt war, fragte der Engel: *Was sucht ihr den Lebenden bei den Toten? Er ist nicht hier, er ist auferstanden* (s. Lk 24,5b-6a). Er geht euch nun voraus. Nicht mehr der Stern führt sie jetzt, sondern Er! Das ist ganz arg wichtig! Was sucht ihr die Wahrheit bei den Lügnern, und den Segen bei den Verfluchten und Dahingegebenen? Sie hätten enttäuscht umkehren und nach Hause gehen können, aber nein, sie gingen weiter. Sie sagten: „Wir müssen zum Ziel gelangen! Wir geben uns nicht damit zufrieden, eine Reise gemacht zu haben! Wir gehen weiter!" Den Schrecken und Schock, den sie in Jerusalem erlebt hatten, nahmen sie auf sich, denn dadurch kam ein Blutbad zustande (s. Mt 2,16).

Nachdem sie den Herrn gefunden hatten, wurden sie vom Heiligen Geist weitergeführt, und nicht mehr von dem Stern! Der Stern begleitete sie nicht mehr zurück nach Ekbatana. Der Heilige Geist sprach: „Zieht auf einem anderen Weg heim!" (Vgl. Mt 2,12) Du siehst, wie Gott arbeitet. Sobald wir Jesus gefunden haben, führt uns der Heilige Geist weiter, weder Sterne noch Horoskope noch Prophezeiungen. Wenn sie gewusst hätten, was sie anrichten würden, wären sie wahrscheinlich nicht vom Wege abgewichen. Dadurch wurden dem Kind, dem Vater und der Mutter so viel Herzeleid, Mühe und Sorge zuteil! Sie mussten sogar ins

Ausland, nach Ägypten, fliehen! Wir sollten nicht zu schnell und zu aufdringlich sein, uns nach der menschlichen Vernunft oder nach unserem Dafürhalten ausrichten, sondern Gott befragen: „Herr, sollen wir nach Jerusalem gehen oder nicht?" Sie vergaßen, den Herrn zu befragen: „Sollen wir nach Jerusalem gehen oder nicht?" Ich bin sicher, dass der Stern den drei Weisen gezeigt hätte, dass sie nicht nach Jerusalem gehen, sondern dem Stern folgen sollen. Wenn Gott etwas anfängt, führt Er es auch zu Ende! Das ist auch in unserem Leben so! Doch was macht der Mensch? Er geht immer eigene Wege, er bringt Unglück, geht oft sogar in die Irre! Das findet statt, wenn der Kopfglaube regiert und wir uns nach der menschlichen Logik verhalten. So verhielten sich die Weisen. Das teile ich euch in aller Liebe mit. Es ist so viel Gedankenlosigkeit in Jerusalem anzutreffen, weil man sich nach seinem eigenen Gutdünken verhält. Lasst uns aufhören, nach dem Kopf zu gehen, und weiter im Glauben wandeln! Wir begannen im Glauben, zogen im Glauben aus und sagten im Glauben A, und nun sollen wir auch im Glauben B sagen. Wir sollten solange nicht ruhen, bis wir das Ziel erreicht haben! Die Weisen kamen durcheinander und waren verwirrt. Viele christliche Religionen haben mit dem Christentum nicht das Geringste zu tun! Man findet keinen Glauben mehr! Man diskutiert über Klimaschutz und dergleichen. Es geht um alles andere, aber nicht um die Frage: „Wie finde ich Jesus?"

Nachdem wir aus der Sowjetunion nach Deutschland gekommen waren, lud mich mein Freund in eine evangelische Kirche ein. Jeder war einer anderen Religion zugehörig. Dort in der Religion Bayern dominierte der katholische Glaube. Damals war ich als Siebzehnjähriger das erste Mal in einem evangelischen Gottesdienst. Ich fragte meinen Freund: „Sag mal, was muss ich tun?" Ich passte genau auf, was er tat. Er stand auf, faltete die Hände und betete, zumindest machte es den Eindruck auf mich. Ich tat desgleichen, stand auf, faltete meine Hände und betete. Als er sich setzte, setzte ich mich auch. Auf dem Nachhauseweg fragte ich ihn: „Sag einmal, was hast du eigentlich gemacht, als du die Hände gefaltet und gebetet hast?" Er sagte: „Ich habe bis Zehn gezählt." Das nennen die Leute dann beten. Viele haben keine

Ahnung von dem echten Christentum! Wenn wir hier die Hände hochheben und den Herrn loben und preisen, sagen sie, dass es der Nazigruß sei. Vergiss es! Bereits Mose hob seine Hände empor, und solange er sie emporhielt, siegte das Volk Gottes (s. 2 Mose 17,11a). So spricht der Herr: **<u>So will ich nun, dass die Männer beten an allen Orten und aufheben heilige Hände ohne Zorn und Zweifel (1 Tim 2,8).</u>** Männer sollen allerorts heilige Hände hochheben! Diese Geste ist uralt! Sie entstand lange bevor es das Dritte Reich gab! Ich geniere mich nicht und lasse mir von niemandem verbieten, die Hände emporzuheben. Die pfingstlich orientierten Christen strecken beide Hände in die Höhe, und die charismatisch orientierten nur eine. So unterscheidet man sie. Die zuerst Genannten strecken beide Hände empor und beten wie David. Ich lobe und preise den Herrn mit erhobenen Händen! Die toten Kirchen haben keine Ahnung davon! Sie machen aus allem ein Ritual! Sie üben eine Form gleich der alten Israeliten aus! Vierhundert Jahre lang betrieben sie mit der ehernen Schlange Götzendienst (s. 4 Mose 21,9) und verehrten sie, exakt solange, bis Hiskia kam und sie zerschlug (s. 2 Kön 18,4a). Gotteskinder sollten aufhören, nur Rituale zu betreiben und Götzen mitzunehmen. Wir sollen den Herrn anbeten im Geist und in der Wahrheit (s. Joh 4,23f.), in der Freiheit des Geistes. Wir sollten nicht so steif sein, wie es in den meisten Religionen und Kirchen ist. Man wundert sich, warum die Menschen heutzutage nichts von Gott wissen wollen. Warum ist das so? Da ist so viel tote Religion! Die Moslems beten fünfundsiebzig Mal am Tag Gott an. Doch was haben sie von ihrem Gott? Wie viele Wunder, wie viele Heilungen, wie viele Zeichen erleben sie? Sie beten: „Groß ist Allah!" Doch was nützt es, wenn sie sich zu Boden werfen und „Groß ist Allah" sagen. Entscheidend ist doch, das etwas nach der Anbetung geschieht!

Die Weisen beteten nicht nur das Kind an, berührten es und nahmen es auf den Arm, sondern sie brachten ihre Schätze dar. Sie taten etwas! Wahre Gläubige sind entzückt, wenn sie etwas tun können. Die Weisen hatten eine große Freude, als sie den Stern sahen. Mit großem Enthusiasmus und mit großer Begeisterung begaben sie sich nach

Bethlehem und sprachen: „Hier ist der König! Der Stern steht genau im Zenit!" Viele Menschen wissen nicht, was Freude ist. Deshalb sprach auch der Engel zu den armen Hirten: *„Siehe, ich verkündige euch große Freude"*. (Siehe Lk 2,10b) Solange du fromm-religiösen Riten, Kulten und Traditionen nachfolgst – und selbst dann, wenn du eine saubere Theologie hast –, fehlt dir die Freude, der Jubel, das Jauchzen, das Halleluja und das Dankeschön! Gläubige Menschen sollen glückliche Menschen sein: „Ich habe den Heiland und Messias, den König aller Könige gefunden!" In Jerusalem fanden sie nur den Kopf- und Verstandesglauben. Aber das reicht bei weitem nicht aus! Sie kannten dort die Heiligen Schriften, lasen sie, beteten stundenlang und womöglich kasteiten sie sich noch. Alles war da und doch reichte es nicht aus. Um den Herrn kennenzulernen, Ihn zu loben und zu preisen und Christus, den Messias, zu finden, muss man aufstehen und dienen! Man kann sogar mit einer offenen, aufgeschlagenen Bibel in die Hölle gehen. Satan kennt die Bibel besser als wir. Er sagt: „Es steht geschrieben, mein Herr!" Jerusalem war teilnahmslos und gleichgültig, besessen von dem Gleichgültigkeitsdämon! Der Herr Jesus sprach, was nachfolgend geschrieben steht: **<u>Wie oft habe ich deine Kinder versammeln wollen, wie eine Henne ihre Küken versammelt unter ihre Flügel; und ihr habt nicht gewollt! (Mt 23,37b)</u>** Ja, wie oft! Wie oft!

Viele Fromme sind wie in Narkose versetzt, betäubt und verblendet! Ihre Augen werden gehalten, wie es bei den Emmausjüngern war (s. Lk 24,16). Die Weisen kamen aus dem Fernen Osten und sahen Seinen Stern. Es reicht nicht aus, nur Pflichtübungen und Vorschriften zu erfüllen, ganz gleich, welche. Gott sucht keine Sympathisanten, sondern Anbeter! Ich kann mir vorstellen, wie sie anbeteten. Die Kirche zu Bethlehem ist die einzige der letzten christlichen Kirchen, die vom Islam nicht zerstört wurde! Wenn du diese Geburtskirche betrittst, siehst du die drei Könige, die aus dem Fernen Osten bzw. aus Persien kamen. Als die damaligen Bilderstürme stattfanden, während derer die christlichen Kirchen zerstört wurden, sagten die Moslems, dass darauf ja ihre Brüder abgebildet seien und diese Kirche keinesfalls zerstört werden dürfe. Deshalb wurde die Geburtskirche zu Bethlehem bis heute nicht zerstört. Sie entdeckten ihre eigenen Landsleute, die Araber und Perser, und riefen aus: „Das sind ja unsere Brüder!"

Die Heiden sahen Seinen Stern und brachen sofort auf; sie ließen alles los. Sie lösten sich aus der Routine. Stell dir vor, wie sie unterwegs diskutierten: „Werden wir Ihn treffen? Wie wird es sein? Wo wird es sein?" Sie erkannten die Wahrheit, als sie den Herrn Jesus Christus sahen, und taten ihre Schätze auf. Gold, das ist das teuerste Metall, was es gibt. Das Wertvollste, was sie hatten, gaben sie Maria und Josef! Jesus konnte damit noch gar nicht viel anfangen. Er war noch viel zu klein. Das ist auch für uns gültig, wenn wir Gott anbeten, Ihm nachfolgen und dienen. Jesus kann zwar mit Gold nichts anfangen, aber Seine Angehörigen, die heilige Familie. Dieses Geld war Wegegeld, das ihnen die Flucht nach Ägypten ebnete. Sie taten ihre Schätze auf. Weihrauch und Myrrhe sind Symbole für den Priesterdienst. „Maria, verwalte das sorgfältig. Das ist für dich, dein Kind und deine Familie, damit ihr wohlbehalten bleibt!" Wenn wir Jesus aufnehmen, versorgt Er uns mit allem, was wir benötigen. Jesus braucht es nicht. Doch ich kann mir vorstellen, dass sie sogar noch mehr gaben, z. B. Finanzen. Sie unterstützten das Paar, obgleich sie nicht wussten, dass es noch in derselben Nacht nach Ägypten fliehen musste.

Zunächst einmal ist es das natürliche Licht, das sie sehen, und dann das göttlich-geistliche. Das findet durchweg in der Heils- und Erlösungsgeschichte statt. Paulus wurde von einem Licht umleuchtet. Wie von einem Blitz getroffen fiel er wie tot zu Boden. Er sprach: „Was willst Du, Herr? Was soll ich tun?" (Vgl. Apg 9,5a), und Jesus antwortete: *„Steh auf und geh in die Stadt; da wird man dir sagen, was du tun sollst."* (Siehe Apg 9,6) Gott sagt uns nicht alles. Wir müssen selber herauszufinden, selber entdecken und selber erkennen, um was es geht. Dann kommt Bruder Hananias, geleitet vom Heiligen Geist, herbei. So führt Gott. Saul von Tarsus hatte eine Offenbarung. Daraufhin wurde er blind und begab sich ins Gebet. Es steht geschrieben: **Denn siehe, er betet (Apg 9,11b).** Der eine findet den anderen. Hananias ging auf Saulus zu uns sprach: „Lieber Bruder Saul. Der Gott, der dir unterwegs erschienen ist, erschien auch mir und sprach, ich soll mich zu dir begeben, dir die Hände auflegen, auf dass du den Heiligen Geist empfängst (s. Apg 9,17), denn du bist Ihm ein auserwähltes Werkzeug." (Siehe Apg 9,15a) Das war die Segnung.

Vor Kurzem hatten wir auch einen Segnungsgottesdienst in der Gemeinde. Nach den Segnungen, fangen die Probleme an. Sie hören nicht auf. Plötzlich bewies Paulus, dass Jesus der Christus, Messias und Heiland ist. Daraufhin musste er bei Nacht und Nebel über die Mauer fliehen. Sie riefen ihm zu: „Geh wieder nach Tarsus zurück (s. Apg 9,30) und übe dort die Zeltarbeit aus oder etwas deiner Berufung Gemäßes, studiere oder ziehe dich in die Wüste Arabiens zurück." Nach der Salbung fangen die Probleme an! Das sage ich euch in aller Liebe. Das ereignete sich auch bei den Weisen. Nachdem die Weisen aus der Anbetung im Heiligtum, der Wohnung von Josef und Maria, traten, mussten sie auf einem anderen Wege nach Hause gehen. Sie mussten Entscheidungen treffen. Bei vielen Menschen herrscht eine große Unkenntnis, wie nachfolgend geschrieben steht: <u>Darum rede ich zu ihnen in Gleichnissen.</u> **<u>Denn mit sehenden Augen sehen sie nicht und mit hörenden Ohren hören sie nicht; und sie verstehen es nicht (Mt 13,13).</u>** Wenn Gott uns bis hierher geführt hat, sollten wir offen und sensibel für das sein, was Er als Nächstes mit uns tun wird. „Wie geht es mit uns nun weiter?"

Die Weisen erfuhren ein persönliches Erlebnis, eine Erscheinung, gleich der Patriarchen. Jeder hatte seine eigene Gotteserfahrung, sein eigenes Gotteserlebnis, seine eigene Gotteserscheinung! Jeder Einzelne! Niemand gleicht einem anderen! Nicht jeder erlebt Gott wie die Weisen, oder so, wie Saul von Tarsus Ihn erlebte, in der Form, dass Bruder Hananias plötzlich die Tür öffnet und spricht: *„Lieber Bruder Saul!"* „Der Herr sprach zu mir" usw. Jeder erlebt Gott anders. Auch Josef und Maria erlebten die Gegenwart Gottes anders: Plötzlich kamen diese Herrschaften aus dem

Fernen Osten. Sie freuten sich über das Kind: „Süßer Jesus!" Und wir wissen ja, dass Simeon (s. Lk 2,25-35) und Hanna (s. Lk 2,36-39) auch so begeistert waren, als sie das Baby im Arm der Mutter im Tempel sahen. Der betagte Simeon rief aus: „Nun kann ich blind werden! Meine Augen sahen den Heiland! Ich kann heimgehen und sterben!" (Siehe Lk 2,29f.) Er war hoch betagt, über achtzig Jahre. Solange wartete er auf die Verheißung, die ihm Gott gab. Es geschieht nicht so plötzlich und schnell. Deshalb ist es so wichtig, dass wir vom Heiligen Geist auf Schritt und Tritt geleitet werden!

Die Weisen waren in der Herberge angelangt, in dem das Kindlein war, und blieben dort – ich weiß nicht wie lange –, denn es muss eine große Aufruhr in Bethlehem gewesen sein, in diesem Kaff, da sich Fuchs und Hase Gute Nacht sagten. Könige, Herrschaften, Professoren, Gebildete, Studenten reisten mit ihren Kamelen und mit ihrer ganzen Habe an. Sie mussten unverzüglich aufbrechen, damit keine Aufruhr verursacht wurde. Deswegen sorgte Gott dafür, dass die Flucht nach Ägypten in ein und derselben Nacht gelang.

Sobald du beginnst, dich auf den Heiland einzulassen und mit Ihm lebst, geht es dir genau so, wie es Maria und Josef erging. Du musst aus der Stadt fliehen, um den Leuten zu entgehen, die vorhaben, dich auszuplündern! Das war für sie so, als ob sie im Lotto gewonnen hätten. „Kannst du mir nicht eine milde Gabe geben? Wir sind auch arme Leute. Wir benötigen auch Salbe, Weihrauch, Öle und anderes." Die Priester würden ihr Übriges dazutun, sich informieren und fragen: „Was sagten und gaben sie euch?" Sie waren neugierig, als Herodes den Knabenmord beging. Es gab viel Herzeleid, Tränen und Klagen! *„Rahel weint über ihre Kinder"*, steht im Wort Gottes geschrieben (s. Jer 31,15). Sie beteten das Kind an und brachten Weihrauch und Myhrre dar. Das Beste der Gewürze, die es gab im Orient, Gaben, die man einem König gibt! Wenn man einen König huldigt, gibt man Gold, Weihrauch und Myhrre. Mächtigen Leuten übergibt man nicht etwa nur Schnecken oder ein Lammfell.

Noch etwas habe ich festgestellt: Menschen, die Gott anbeten und lieben, sind freigiebige Menschen. Sie geben alles. Sie hätten sogar noch ihre Kamele dagelassen, wenn Josef ihnen mitgeteilt hätte, dass sie diese benötigen. Sie waren freigiebig. Das, was sie auf dem Herzen hatten, führten sie aus. Ein Zeichen von geistlicher Klugheit, Salbung und dem Segen ist, dass man sich hingibt, ein Leben der Hingabe lebt und sich für die Sache Gottes verschwendet. Bedenke, wie viel Proviant allein für die Reise nötig war! Es ist höchstens ein Fußmarsch, der von Kamelen begleitet wird, von sechzig bis siebzig Kilometern pro Tag möglich! Zweitausendfünfhundert Kilometer dividiert durch siebzig; rechne es nach, wenn du willst. Es war eine lange Reise für die betagten Weisen. Erschöpft kamen sie an. Sie brachten ein Opfer für den Herrn.

Jeder, der Jesus dient und nachfolgt, bringt in seinem Leben Opfer für den Herrn, nicht etwa für Josef und Maria! Die Weisen übergaben es ihnen, aber letztendlich reichten sie es Gott dar! Das gilt auch für uns. Wenn wir etwas der Gemeinde bzw. dem Reich Gottes geben, reichen wir es dem Herrn und nicht den Menschen. „Ja, was habe ich davon? Ich gab es der Kirche, der Gemeinde und diesem und jenem?" Die Menschen waren weise. Sie wussten: „Wir investieren in die richtige Sache!" Deshalb steht ihre Geschichte auch in der Bibel. Ihre Geschichte ging nicht verloren. Jesus blieb und die Weisen gingen weiter auf einem anderen Weg. Jesus zog dann später in die Fremde nach Ägypten. Die Weisen zogen gen Osten. Die einen ziehen nach Osten, die anderen nach Westen. „Go West!" Das ist ihr Weg! Hingebung ist die beste Bildung! Der Stern verschwand. Er tat Sein Werk und verschwand. Aber Jesus bleibt! Halleluja!

Gebet: Vater, ich danke Dir, dass man Dich nicht nehmen kann! Menschen können uns viel erzählen, viel vormachen, viel vorlügen und uns irgendwie enttäuschen, aber Du enttäuschst uns nicht. Die Weisen fanden Dich und wurden nicht enttäuscht. Sie erlebten Deine Gnade und Deinen Trost. Sie zogen reich gesegnet heim. Ich kann mir vorstellen, dass sie heimkehrten wie der Kämmerer aus dem Morgenland, der getauft wurde und fröhlich seine Straße weiterzog (s. Apg 8,38f.).

Herr Jesus, ich möchte, dass alle Gotteskinder, die Dein Wort hören, fröhlich in das neue Jahr hineingehen und fröhlich ihre Straße weiterziehen, denn Du bist ihnen erschienen! Du bist ihnen begegnet! Sie haben Dich kennengelernt: einen echten, wahrhaften, lebendigen Christus; nicht den toten Christus, sondern den auferstandenen, den Gott von den Toten auferweckte und dem der Vater im Himmel Macht gab.

Diese Macht überträgt Jesus heute Abend auch auf uns. Halleluja! Sie zogen fröhlich ihre Straße weiter! Sie freuten sich! Sie sahen den Stern! Jesus war der Star bzw. der Stern ihres Lebens! Danke, Herr Jesus! Unter diesem Stern möchten wir weiterleben und weiter folgen. Du bist unser Morgenstern und Du bist unser Abendstern. Halleluja! Gesegnet soll jeder sein, der Jesus findet. Amen

Teil 2

Predigt von Pastor Joh.W.Matutis

„Das Wunder von Weihnachten“

Das Wunder von Weihnachten

Preis dem Herrn! Ich grüße euch alle an diesem Sonntagmorgen! Wir wollen Gottes Wort hören, und ich habe ein gutes Thema. Eigentlich nahm ich zunächst einmal aus der Welt, aus dem Fußball, die Inspiration für diese Predigt: „Das Wunder von Bern". Da fand damals, im Jahr 1954, ein Fußballspiel statt. Am 4. Juli 1954 gelang es Deutschland, in die Endrunde zu kommen während der Weltmeisterschaft. Deutschland hatte den Krieg verloren. Neun Jahre danach waren die Leute noch enttäuscht und depressiv. Sie spielten gegen Ungarn. Die Ungarn waren eine unbesiegbare Fußballmannschaft. Doch die Deutschen gewannen, obwohl keiner mehr daran glaubte. Durch dieses Fußballspiel wurde Deutschland wieder in die Völkergemeinschaft integriert. Deutschland wurde wieder als eine Nation akzeptiert, insbesondere und vor allem als eine Fußballnation. Dieses Wunder möchte ich vergeistlichen und in unsere Situation übertragen.

Das Wunder von Weihnachten: Jesus wurde an Weihnachten geboren. Er wertete uns als Menschen auf. Damals dachten die Ungarn: „Wir werden siegen!" Sie übten nicht einmal vorher. Sie sagten: „Die Deutschen können sowieso nicht Fußball spielen!" Dann regnete es auch noch an diesem Tag. Die Ungarn hatten sich schon selbst ein Denkmal gesetzt in ihrem Stadion. Außerdem wurden Briefmarken gedruckt mit der Aufschrift „Wir sind die Weltmeister". Doch dann wurden die Deutschen die Weltmeister. Das konnten sie nicht fassen! Es gab einen großen Aufruhr und eine große Aufregung. Als sie nach Hause kamen, wurden sie nicht einmal empfangen. Ungarn war damals ein kommunistisches Land. Sie wurden in Lager verfrachtet, in denen man ihnen mitteilte, was sie für Waschlappen seien, da sie nicht einmal vernünftig gegen die Deutschen gespielt haben. Damals war der Kommunismus noch ganz groß im Kommen. Als ein Journalist fragte, welche Hymne denn eigentlich im Stadion angestimmt werden würde, erhielt er zur Antwort: „Also die deutsche auf gar keinen Fall!" Deutschland wurde dadurch wieder in die Völkergemeinschaft aufgenommen. Das kam einem Wunder gleich! Deutschland schoss drei Tore, und Ungarn nur zwei. Ungarn blamierte sich und war am Boden zerstört.

Weihnachten, das große Wunder! Jesus schoss für uns Tore! *„Macht hoch die Tür', die Tor' macht weit, es kommt der Herr der Herrlichkeit."* Er kam und siegte. Und Er ging. Jesus kam, sah und siegte. Das ist diese Parole von Jesus! So auch an Weihnachten. der Sohn Gottes besuchte die Kinder Adams. An Weihnachten, darüber vernahmen wir schon einiges, kam der König aller Könige. Er besuchte uns. Das geschah in einem Stall – kannst du dir das vorstellen? – da, wo damals die armen Menschen lebten. Gott selbst erniedrigte sich! Aus Liebe nahm Er einen menschlichen Leib an. Das kann man sich nicht vorstellen. Gott offenbart sich in einem menschlichen Körper, gleich unserem, mit Händen und Füßen, so wie ein jeder von uns gestaltet ist. Er nahm sich dieses Körpers an und lebte unter uns (s. Joh 1,14a). Er wurde Fleisch und nahm das Wesen eines Menschen an; unser Wesen, unsere Natur, unsere Art. Sogar unserer Sprache bediente Er sich. Er erlernte die aramäische Sprache, die Seine Mutter und Josef sprachen. Er lebte unter uns und war einer von uns. Später wurde Er ein Zimmermann und Häuslebauer, der Möbel schreinerte und vieles andere mehr. Er nahm sich Zeit für uns und lebte in Nazareth. Gestern sprach ich über Nazareth. Er lebte beinahe zwanzig Jahre, also achtzehn Jahre auf jeden Fall, in Nazareth. Er lebte unter uns. So kam auch Weihnachten ein hoher Besuch zu uns: Jesus Christus, und zwar, damit wir von Seiner Göttlichkeit profitieren! Damit wir etwas von Ihm haben! Er, der allmächtige Gott, der Himmel und Erde schuf (s. 1 Mose 1,1), da am Anfang das Wort war (s. 1 Mose 1,3a; Joh 1,1a). Dieses Wort wurde Fleisch und wohnte unter uns, gleich dir und mir. Er kam an. Manche begriffen es, manche begriffen es nicht, und manche begreifen es bis heute nicht. So wurde aus dem Gottessohn der Menschensohn Jesus Christus. Er wurde ganz natürlich und normal, so wie alle Menschen. Er wurde an Gebärden erfunden wie alle anderen Menschen auch (s. Phil 2,7b). Er spielte im Sandkasten und tat dieses und jenes mit Seinen Freunden. Er „googelte", denn Er war ja ein Junge und trachtete, gleich uns Menschen, oft nach anderen Dingen, vielleicht. Er handelte göttlich im menschlichen Leben, im menschlichen Leib, im menschlichen Körper. Er wurde Gottmensch, und über dieses Wunder darf ich heute durch die Gnade Gottes sprechen; dass ich Gottmensch werde. Wenn du dein Leben betrachtest und vor dem Spiegel stehst, siehst du nicht nur diese oder jene Person, sondern den allmächtigen Gott und den Menschen in dir. Wir sind beides zusammen! Wir sind eins! Wir sind ein Wesen! Durch die Gnade Gottes werden wir Seiner Göttlichkeit ähnlich. Seit Weihnachten ist das möglich. Das Wunder von Weihnachten! Das Wunder von Bethlehem!

Die gefallene Menschheit sollte wieder in die Familie Gottes aufgenommen werden. „Wir haben die gleiche Ähnlichkeit wie der Papa!" Es ist immer dasselbe: die Mutter weiß, wie ihr Kind aussieht, denn es ist ihr Kind. Doch wenn die anderen das Baby betrachten, rufen sie aus: „Es sieht aus wie der Vater!" Und betrachtest du heute dein Ebenbild, bemerkst du, dass du auch so aussiehst wie dein Vater. Du gleichst dem Vater im Himmel! Es steht geschrieben: **Und Gott sprach: Lasst uns Menschen machen nach unserem Bild, uns ähnlich (1 Mose 1,26a** SLT**)**, nicht gleich, sondern dem Vater ähnlich, denn du musst ja noch eine ganze Menge lernen! Jesus will uns begeistern mit Seinem himmlischen Wesen, mit Seiner Geistlichkeit und Göttlichkeit, und mit Seiner Herrlichkeit. Wir sollen ein Abglanz Seiner Herrlichkeit sein! Das ist der Sinn von Weihnachten! Der Sinn von Weihnachten ist, dass wir so gestaltet werden, wie Er war, nicht nur als Menschen aus Fleisch und Blut, sondern als Geist, als Sein Wort Gottes, damit wir dieselbe Prägung erhalten wie Jesus, und Ihm immer ähnlicher und gleichgestalteter werden.

Das Wunder von Bern: Deutschland wurde wieder in die Zivilisation aufgenommen nach dem verlorenen Krieg und nach dem, was die Nazis alles verursacht hatten: die Konzentrationslager, die Judenverfolgung und den Zweiten Weltkrieg. Das wurde den

Deutschen zugeschrieben. Inwieweit sie daran schuld waren, ist eine andere Frage. Du weißt, was im Dritten Reich alles stattfand. Deutschland wurde durch das Wunder von Bern den anderen Nationen wieder ebenbürtig: den Engländern, den Franzosen, den Amerikanern u. a. Ja, Deutschland wurde ebenbürtig! Wir werden durch Jesus Gott ebenbürtig! Stell dir das einmal vor! Er nimmt uns in Seine Gemeinschaft auf! Gott streckte Seine Hand aus, versöhnte sich mit uns, schuf Harmonie, sodass wir eins mit dem Himmel sind. Jesus sprach: „Was man euch antut, wird man mir antun" (s. Mt 25,40b). Es steht geschrieben: **Wahrlich, wahrlich, ich sage euch: Wer jemanden aufnimmt, den ich senden werde, der nimmt mich auf (Joh 13,20a).** Er wurde einer von uns. Aus Weinen wurde auf einmal Freude! Das ist dieses Wunder, das begann und sich begab. Dieses Wunderleben dürfen wir jetzt führen! Ich bin kein Feind Gottes und rebelliere nicht wider Ihn. Ich sage: „Ja, Herr, Dein Wille geschehe! *Mir geschehe, wie Du gesagt hast.*" (Siehe Lk 1,38a) Das ist dieses Wunderleben! Ich muss nicht mehr mit Gott hadern: „Herr, warum tatest Du mir dieses oder jenes an? Warum wurde ich ein Mann oder eine Frau? Warum wurde ich arm und nicht reich?" Ich rebelliere nicht mehr wider den Herrn, denn ich weiß, dass Er keine Fehler macht, und wir kennen alle das Wort Gottes, welches nachfolgend geschrieben steht: **Wir wissen aber, dass denen, die Gott lieben, alle Dinge zum Besten dienen (Röm 8,28a)**, ganz gleich, ob wir sie als gut oder schlecht befinden.

Das Wunderleben beginnt mit Bethlehem. Vorher hatten wir weder Hoffnung noch Glauben. Alles war unmöglich. Doch durch Jesus erfüllen sich die alten Verheißungen, Prophezeiungen und Hoffnungen der Menschen. Es erfüllen sich alle Menschheitsträume, das, was der Mensch träumt: „Ich will in den Himmel!" Nein! Es ist dir möglich, den Himmel auf Erden zu haben! Meine Kinder sangen immer das folgende Lied: *„Ich war noch nie im Himmel, und dennoch habe ich den Himmel stets in mir."* Wir dürfen „den Himmel in uns tragen" und wo auch immer wir hingehen, himmlische Zustände schaffen, Frieden und Freude schaffen. Der Lobgesang der Maria lautet, wie nachfolgend geschrieben steht: **Meine Seele erhebt**

<u>**den Herrn, und mein Geist freuet sich Gottes, meines Heilandes; denn er hat die Niedrigkeit seiner Magd angesehen. Siehe, von nun an werden mich selig preisen alle Kindeskinder. Denn er hat große Dinge an mir getan, der da mächtig ist und dessen Name heilig ist. Und seine Barmherzigkeit währet für und für bei denen, die ihn fürchten. Er übt Gewalt mit seinem Arm und zerstreut, die hoffärtig sind in ihres Herzens Sinn. Er stößt die Gewaltigen vom Thron und erhebt die Niedrigen. Die Hungrigen füllt er mit Gütern und lässt die Reichen leer ausgehen. Er gedenkt der Barmherzigkeit und hilft seinem Diener Israel auf, wie er geredet hat zu unsern Vätern, Abraham und seinen Nachkommen in Ewigkeit (Lk 1,46-55).**</u> Er denkt an uns! Seit Bethlehem denkt Gott an uns! Seit diesem Wunder von Bethlehem denkt der Herr an uns: „Wie geht es denen da unten in Berlin, in Deutschland oder wo auch sonst sich die Menschen aufhalten?" Ja, Er denkt an uns! Er vergaß uns nicht. Alles, was in der Bibel vorausgesagt wurde, erfüllt sich. Der Herr streckte Seine Hand aus, wie geschrieben steht, siehe hier: <u>**Kommt her zu mir, alle, die ihr mühselig und beladen seid; ich will euch erquicken (Mt 11,28).**</u>

Maria kannte sich in der Heiligen Schrift sehr gut aus. Ich werde heute etwas über Maria berichten. Gestern vernahmen wir etwas über Josef, doch Maria ist mir genauso wichtig. Maria kannte sich im Wort Gottes sehr gut aus, denn sie sprach acht bis neun Psalmen in diesem Gebet und Lobpreis, den sie da bekannte. Sie kannte die Bibel. Deshalb erbarmte sich der Herr ihrer und nahm sie in Seinen Kreis auf, sodass sie einfach die Mutter Jesu werden durfte. Die Katholiken sagen: „Die Mutter Gottes", aber Gott hat keine Mutter. Sie durfte eine menschliche Mutter sein für den Herrn Jesus Christus. Sie gab sehr viel an Jesus weiter. Er verdankt ihr Seinen Charakter, Seine Persönlichkeit, Sein Wesen, die Muttersprache – ja, auch das gehört dazu –, und die Liebe. Das alles gab sie Ihm weiter. Wir können über Maria eine ganze Menge lernen und darüber staunen, was sie ist. Sie sprach: „Ich bin eine Begnadigte Gottes! Ich fand Gnade!"

Der Engel begrüßte Maria mit den Worten: „Maria, du fandest Gnade bei Gott" (s. Lk 1,28a.30b), weil du Sein Wort kennst und allein für Gott lebst (vgl. Lk 1,28b). Sie war noch ein junges Mädchen, das eigentlich nur für den Herrn da sein wollte, und Gott bedachte und erwählte sie. Gott erwählt die Menschen! Nicht die Menschen erwählen Gott, sondern Er erwählt sie. Das ist auch in unserem Leben hinsichtlich unserer Berufung und unseres Auftrages – was wir tun sollen und wofür wir bestimmt sind – so, also hinsichtlich der Frage, wie wir „Jesus austragen" sollen. Gott erwählte Josef. Er sollte achtgeben auf den Buben. Er sollte sein Bestes geben und für Maria und das Kind sorgen. Maria war demütig. Es steht geschrieben: **Der Engel antwortete und sprach zu ihr: Der Heilige Geist wird über dich kommen, und die Kraft des Höchsten wird dich überschatten; darum wird auch das Heilige, das geboren wird, Gottes Sohn genannt werden (Lk 1,35).** Auch das, was in unserem Leben passiert, ist göttlich. Seit wir Jesus empfingen, seit der Heilige Geist uns überschattete, erleben wir alle „das Wunder von Bethlehem".

Als die Deutschen im Jahr 1954 in Bern siegten, riefen sie aus: „Wir haben gesiegt! Wir sind Weltmeister!" Vorher gab es jeweils nur einen Weltmeister. Doch auf einmal hieß es: „Wir alle siegten!" Es siegte dieses Kollektiv!

Und siehe, Maria kam zu Elisabeth, ihrer Verwandten. Sie war auch schwanger mit einem Sohn, obwohl sie sich bereits in einem hohen Alter befand und eigentlich unfruchtbar war (s. Lk 1,7a). Sie war im sechsten Monat schwanger (s. Lk 1,24a). Der Engel teilte Zacharias mit, was geschrieben steht, siehe hier: **Aber der Engel sprach zu ihm: Fürchte dich nicht, Zacharias, denn dein Gebet ist erhört, und deine Frau Elisabeth wird dir einen Sohn gebären, dem sollst du den Namen Johannes geben (Lk 1,13).** Sie war schon über die Zeit hinaus. Ihr Leib war erstorben (s. Lk 1,18b). Du siehst, dass hier die Begegnung zweier Menschen stattfand; die eine war noch Jungfrau, und die andere war schon in einem erstorbenen

Zustand. Sie konnte eigentlich gar keine Kinder mehr kriegen. Der Engel sprach: *„Bei Gott ist kein Ding unmöglich."* Er kann alles!

Aus einer Pressemitteilung über Indien ging hervor, dass eine siebzigjährige Frau Mutter wurde, wie auch immer das geschah. Der Herr kann Menschen verjüngen. Er kann Menschen gebrauchen. Es steht geschrieben: **Maria aber sprach: Siehe, ich bin des Herrn Magd; mir geschehe, wie du gesagt hast. Und der Engel schied von ihr (Lk 1,38).** Das ist Demut! Sie war bescheiden und sprach: *„Mir geschehe, wie Du gesagt hast."*

Maria ist die Angefochtene. In dem Augenblick, da du Jesus in dein Leben hineinlässt und du dich diesem Wunder von Weihnachten öffnest, fangen die Probleme an, und zwar ganz massiv! Als ich Christ wurde, hatte ich ganz andere Probleme. Es waren nicht mehr solche, wie vor der Bekehrung, aber ich bekam eine Menge dieser Probleme, von denen ich gar nicht wusste, dass sie überhaupt existieren würden. Ich wurde angefochten, versucht u. v. m.

Maria war verlobt mit Josef. Er versprach ihr die Ehe, doch plötzlich kam eine Schwangerschaft dazwischen. Auf einmal war ein Skandal da! „Was trieb sie? Wo war sie?" Du siehst, du kommst in Verruf: „Mit dir stimmt etwas nicht. Du bist nicht normal!" Das alles hörst du, wenn du ein Kind Gottes wirst. Ich weiß nicht, wie es dir erging, aber bei mir war es so. Man sagte mir: „Du wirst langsam verrückt. Du drehst durch. Du fantasierst!" „Wie soll ich damit fertig werden?", fragte Maria. „Wie soll das zugehen? Wie soll das passieren? Wem soll ich mich mitteilen?" Und sieh, wie wunderbar der Herr hier führt und leitet! Plötzlich kommt es zu einem Austausch mit Elisabeth, ihrer Verwandten. Sie wusste nichts darüber, was Maria widerfuhr, und Maria wusste nicht, was Elisabeth widerfuhr. Sie hatte Angst. „Mit wem kann ich sprechen?" Du siehst, du benötigst Seelsorge. Du benötigst Betreuung für dein geistliches Werden, damit dieses „Wunder von Weihnachten" stattfinden kann. „Wem kann ich das erzählen? Wem kann ich erklären, was mit mir geschah? Wer versteht mich?“ Zacharias verstand seine Elisabeth nicht. Er sprach: „Nein, das gibt es nicht (s. Lk 1,59b). In unserer Familie gibt es keinen, der Johannes heißt.“ Maria blieb nichts anderes übrig, als alles Gott zu überlassen und anheimzustellen. Auch bei dir in deinem persönlichen Leben, wenn du das Wunder von Weihnachten erleben willst, bleibt dir nichts anderes übrig, als dem Herrn deine ganze Situation anzuvertrauen und zu sagen: „Vater, Dein Wille geschehe!“

Maria ging zu Elisabeth (s. Lk 1,39). Hier erfuhr sie eine wunderbare Glaubensstärkung. Sie wurde gleich von Elisabeth begrüßt, nachdem sie den Raum betrat. Es steht geschrieben: **<u>Und Elisabeth wurde vom Heiligen Geist erfüllt und rief laut und sprach: Gesegnet bist du unter den Frauen, und gesegnet ist die Frucht deines Leibes! Und wie geschieht mir, dass die Mutter meines Herrn zu mir kommt? (Lk 1,41b-43)</u>** Maria war baff. Sie konnte es nicht verstehen: „Wieso weiß Elisabeth, was mit mir geschah?“ Menschen, die den Heiligen Geist haben, die mit Gott leben, die das Weihnachtswunder in sich selbst tragen, erkennen! Beiden erging es gleich und sie trafen sich nun irgendwo im Jordanland. *„Gesegnet bist du unter den Frauen“.* Wie komme ich dazu, dass die Mutter meines Herrn zu mir kommt?“, sprach Elisabeth. Der Bauch der Maria war noch gar nicht sichtbar! Was musste das der Maria bedeutet haben: „Elisabeth weiß alles von mir! Ich bin bekannt wie ein aufgeschlagenes Buch, gelesen von jedermann!“ Der Heilige Geist offenbarte Elisabeth, dass die Mutter des Herrn zu ihr gelangen würde. Maria musste gar nicht lange überlegen, wie sie das Elisabeth erklären sollte. Sie machte sich so viele Gedanken und überlegte sich: „Wie kann ich Elisabeth sagen, dass ich schwanger wurde, weil mich der Heilige Geist überkam und ich von keinem Mann weiß? Wie soll ich ihr das erklären?“

Wenn du dem Herrn vertraust, erklärt dir der Heilige Geist alle Situationen. Plötzlich ist alles offenbar. Elisabeth wusste darüber Bescheid, als ob sie eine Spezialistin wäre. Wie kam sie dazu? Woher wusste sie das alles? Sie war mit dem Heiligen Geist erfüllt. Elisabeth wusste: „Die Mutter meines Herrn kommt zu mir! Preis Gott!" Sie sprach: *„Gesegnet bist du"*, und Zacharias stand daneben. Hören konnte er ja, nur das Sprechen war ihm verwehrt. „Wie selig bist du, Maria, denn du glaubtest!" (Siehe Lk 1,45a) „Mein Mann Zacharias glaubte nicht. Deshalb wurde er stumm (s. Lk 1,20a). Aber du glaubtest, Maria!" Hier gibt es einen großen Unterschied zwischen dem Priester Zacharias, der dem Engel nicht glaubte, und der Maria, die dem Engel glaubte und sprach: *„Mir geschehe, wie du gesagt hast."* (Siehe Lk 1,38b) Du siehst, wie der Herr arbeitet und wirkt im Kleinen. *„Ja, selig ist, die da geglaubt hat!"* „Sieh einmal, Zacharias, dieses junge Mädchen glaubte, und du, betagter Priester, konntest nicht glauben." Dieses junge Mädchen, so unerfahren vom Leben, stellte sich Gott zur Verfügung, und es geschah so, wie sie geglaubt hatte.

Maria brauchte dieses Ehepaar Zacharias und Elisabeth, damit sie sich anvertrauen konnte. Sie blieb drei Monate bei ihr, bis Elisabeth Johannes den Täufer gebar. Selig sind Menschen, die sich gegenseitig ergänzen. Preis dem Herrn! Das ist Maria, durch die das Wunder geschah. Du brauchst Ergänzung durch den Heiligen Geist. Du glaubst. Du kannst jeden Unsinn glauben. Doch du brauchst die Bestätigung von jemand anderem. Jemand anderes muss dir sagen, dass dieses und jenes in deinem Leben nicht stimmt. Heutzutage kommt das sehr wenig vor. Wir haben so wenige Offenbarungen, wodurch die Menschen die Wahrheit erfahren. „Der Heilige Geist zeigte mir das!" Alles, was in unserem Leben passiert, muss uns der Heilige Geist offenbaren. „Josef, du führst Maria an der Hand, heiratest sie und wehrst dich nicht dagegen. Du echauffierst dich nicht und machst keinen Skandal." Normalerweise wäre Maria nach dem Offenbarwerden der Schwangerschaft gesteinigt worden! „Sie trieb Hurerei und Unzucht", so hätte man sie beschimpft. Josef akzeptierte das. Er unterdrückte diese Anschuldigungen. Bis zum Pfingsttage, da der Doktor Lukas das Interview vornahm, wusste kein Mensch, wer Jesus überhaupt war; dass Er nicht der Sohn Josefs war (s. Apg 2,21-36). Sie unterdrückten das. Es gibt Geheimnisse, die du für dich behalten und nicht publik machen solltest! „Sieh nur, das war eine Jungfrauengeburt!" oder: „Guck mal, meine Schwangerschaft hier!" Wie kam die Jungfrau zum Kind? Du musst es nicht groß ausposaunen und herumerzählen! Überlasse es Gott! Er verrichtet es schon. Er wird dich nicht öffentlich anprangern. Er ist ein gerechter Gott. Josef nahm die Maria an und erkannte sie erst, nachdem sie ihr erstes Kind geboren hatte. Der Herr griff ein und offenbarte Josef im Traum, wie es weitergehen würde. Es steht geschrieben: **Als er noch so dachte, siehe, da erschien ihm ein Engel des Herrn im Traum und sprach: Josef, du Sohn Davids, fürchte dich nicht, Maria, deine Frau, zu dir zu nehmen; denn was sie empfangen hat, das ist von dem Heiligen Geist. Und sie wird einen Sohn gebären, dem sollst du den Namen Jesus geben, denn er wird sein Volk retten von ihren Sünden (Mt 1,20f.).** Er sprach: „Nimm dich ihrer an. Kümmere dich um dieses Mädchen." Das kann kein Mensch tun! Und wenn das irgendjemand tun würde, dann würde er zu hören bekommen: „Was mischst du dich in meine Angelegenheiten ein? Das ist meine Privatsache!" Weder ein Priester noch ein Seelsorger und niemand, hat sich in dein Leben einzumischen. Göttliche, geistliche Dinge muss uns der Heilige Geist offenbaren, so wie es bei Josef geschah. Dann kann es geschehen und es stört nicht.

Es wird so viel Unfug in den Kirchen und Gemeinden erzählt, nur weil die Gläubigen denken: „Ich muss dazu etwas sagen! Ich muss die Sache in Ordnung bringen! Ich muss es aufklären oder aufdecken!" Nein! Der Heilige Geist deckt auf und zu! Das tut der Heilige Geist. Gott teilte Josef mit: „Nimm diese Frau zu dir." Josef lenkte ein und nahm Maria unter seine Obhut. So vertraute Maria in der Anfechtung dem Herrn, und Er machte alles recht. Vertraue Gott auch in deinem Leben und in deiner Situation. Er wird es schon recht machen. Versuche nicht, bei Menschen Hilfe zu suchen. Lies, was geschrieben steht, siehe hier: **So spricht der HERR: Verflucht ist der Mann, der sich auf Menschen verlässt** und hält Fleisch für seinen Arm und weicht mit seinem Herzen vom HERRN **(Jer 17,5).** Rechtsanwälte, Gerichte, starke Leute gehören dazu. Vertraue ihnen nicht! Gott hilft dir! Niemand wird zuschanden, der dem Herrn vertraut. Gott verrichtet alles. Er beruft Menschen, diese, die nach Seinem Vorsatz berufen sind. Die Weisen kamen aus dem Fernen Osten (s. Mt 2,1). Sie machten sich Gedanken, brachten Weihrauch, Gold und Myrrhe (s. Mt 2,11b), damit sie Proviant hatten auf dem Weg nach Ägypten. Josef und Maria waren versorgt.

Maria lebte im Wort Gottes und erlebte Wunder über Wunder. Wenn du mit dem Wort Gottes zusammenlebst, Bruder und Schwester, erfährst du Wunder über Wunder. Tue, was Er zu dir spricht. Nimm das, was Er dir zeigt und offenbart, an. Für viele sind Wunder ein Problem. Es steht geschrieben: **Denn auch seine Brüder glaubten nicht an ihn (Joh 7,5).** Weil sie es nicht fassen konnten. Auch die Brüder wussten: „Das ist gar nicht mein richtiger Bruder. Es ist ein Stiefbruder, Ziehbruder oder welcher Bruder auch sonst noch." Das erzählte Maria wahrscheinlich ihren Kindern nicht. Diese ganze familiäre Geschichte geht die Kinder nichts an. Sie erzählen es nur auf der Straße: „Guck mal, dieser Jesus, dieser große Bruder, ist gar nicht mein großer Bruder!" Das hätten sie Ihm gleich vorgehalten. Die Brüder glaubten nicht an Ihn, und Seine beiden Schwestern auch nicht. Du musst diese Situation einmal richtig verstehen, dich da hineinversetzen, einmal über diese Weihnachtsgeschichte meditieren. Seine Brüder glaubten nicht an Ihn. Es muss Spannungen gegeben haben! „Du kommst Dir immer besser vor!" oder, „Du denkst, Du wärst ein Heiliger!" Jesus war ein Heiliger. „Doch niemanden geht es etwas an, dass ich ein Heiliger bin. Niemanden geht es etwas an, dass ich von Gott berufen bin. Niemanden geht es etwas an, dass Gott einen Plan mit meinem Leben hat." Das behielt Er alles für sich. Geschwister, es ist so wichtig, dass wir die Ratschläge des Herrn, Gottes Pläne für unser Leben, für uns behalten und sie nicht gleich heraus posaunen oder durch die Medien veröffentlichen: „O, ich bin vom Heiligen Geist gezeugt!"

So viele Christen würden gleich sofort eine Reklame veranstalten. Lies, was nachfolgend geschrieben steht: **Es war aber nahe das Laubhüttenfest der**

Juden. Da sprachen seine Brüder zu ihm: Mach dich auf von hier und geh nach Judäa, auf dass auch deine Jünger die Werke sehen, die du tust. Denn niemand tut etwas im Verborgenen und will doch öffentlich bekannt sein. Willst du das, so offenbare dich vor der Welt. Denn auch seine Brüder glaubten nicht an ihn (Joh 7,2-5). „Wenn Du der Messias sein willst, zeige Deine Wunder in aller Öffentlichkeit!" Jesus vollbrachte keine großen Wunder im Familienkreis, wie nachfolgend geschrieben steht: **Und sie ärgerten sich an ihm. Jesus aber sprach zu ihnen: Ein Prophet gilt nirgends weniger als in seinem Vaterland und in seinem Hause (Mt 13,57).** Und das musst du auch wissen: So viele Menschen denken, dass sie ihre Eltern oder ihre Brüder und Schwestern bekehren müssen. Das kannst du nicht! Das muss der Herr bewirken! Das tat Er auch im Leben von Jesus. Weiter steht geschrieben: **Da spricht Jesus zu ihnen: Meine Zeit ist noch nicht da, eure Zeit aber ist immer da (Joh 7,6).** „Die Zeit ist noch gar nicht reif dafür. Ich bin noch nicht der Messias, der jetzt hier auftreten soll, denn meine Zeit ist von meinem himmlischen Vater abhängig." Erst als Jesus berufen wurde, fanden die Zeichen und Wunder statt.

Jakobus und Judas, den beiden Brüdern des Herrn, welche die Briefe verfasst hatten, erschien Jesus extra als der Auferstandene. Jakobus konnte nicht fassen, dass Er der Messias ist: „Das ist unser Bruder!" „Einer von euch wird der Messias sein." Und einer war es: Jesus Christus. Jesus erschien Jakobus extra, und er wurde der Nachfolger Jesu in der Jerusalemer Gemeinde für dreißig Jahre! Das nur als Beispiel. Wir brauchen als Familienangehörige eine Offenbarung Gottes. Gott, Jesus, der Auferstandene und der Heilige Geist müssen sich unseren Angehörigen selbst offenbaren, sonst redest du dir den Mund fransig, bist erschüttert und erstaunt: „Ja, sie glauben nichts. Sie nehmen nichts an. Was soll ich tun?" Nein, lebe nur dein Leben in Christus, das Wunderleben, das Gott dir gab, vor. Das ist alles, was du tun solltest. Lebe es nur vor und überlasse die Resultate dem allmächtigen Gott. Seine Jünger waren darüber erstaunt und wollten Jesus abhalten: „Du bist ja verrückt. Gehe nicht nach Kapernaum. Werde kein Missionar. Du gehst womöglich ans Kreuz. Wer weiß, was sonst noch in Deinem Leben stattfindet. Komm zurück." Sie wollten Ihn abhalten. Aber Jesus ließ sich von Seinen Geschwistern nicht abhalten.

Eine andere Geschichte von Maria: Glaube an die Wunder, denn mit Maria fangen die ganzen Wunder, das Wunderleben, an. Das Wunder von Weihnachten! Stell dir doch einmal vor, wie Jesus auf der Hochzeit zu Kana ist. Der Wein geht ihnen aus und Maria begibt sich zu Jesus und spricht: „Jesus, Du kannst hier etwas tun." Hier (s. Joh 2,3) bekennt sich Maria und gibt zu, dass Jesus der verheißene Sohn Gottes ist. Die Verheißung ist auf Seiner Seite. „Tue etwas, Jesus. Du kannst Wunder wirken. Ich bin sicher, dass Du das kannst!" Daraufhin findet statt, was geschrieben steht, siehe hier: **Jesus spricht zu ihr: Was habe ich mit dir zu schaffen, Frau? Meine Stunde ist noch nicht gekommen (Joh 2,4).** Plötzlich spricht Maria etwas ganz Gescheites, wie nachfolgend geschrieben ist: **Seine Mutter spricht zu den Dienern: Was er euch sagt, das tut (Joh 2,5).** So geschehen Wunder. Maria lernt jetzt. Sie ist demutsvoll und bescheiden. Sie spielt nicht, wie die Katholiken behaupten, die Mutter Gottes. Sie ist demütig und spricht: *„Was Er euch sagt, das tut."* Das ist marianischer Glaube. Maria ist die Lernende in der Erziehungsschule des Herrn. – Simeon sprach, was nachfolgend geschrieben steht: **Und auch durch deine Seele wird ein Schwert dringen (Lk 2,35a).** – Sie ist eine Lernende. Sie behielt alle Worte, welche die Hirten sprachen, in ihrem Herzen und sann darüber nach (s. Lk 2,19). Nicht nur etwa, dass sie ihre Bibel, die alten Psalmen und Lieder, kannte, nein, sie lernte das, was Gott ihr offenbarte, was Er zu ihr sprach, was Er ihr zeigte; was sie mit Jesus erlebte, all jene Führungen und Fügungen.

Maria musste lernen, dass ihr Erstgeborener nicht ihr gehört, sondern dem allmächtigen Gott. Mütter und Väter! Wir müssen lernen, unsere Kindern Gott anzuvertrauen. Unsere Kinder gehören nach der Geburt nicht mehr uns. Du solltest sie gleich „zur Adoption freigeben". Dem ging sie nach. Jesus gehört weder der

Maria, noch der katholischen oder evangelischen Kirche, noch den Christen! Er gehört der gesamten Menschheit! Das nur nebenbei, damit wir das wissen. Maria ist ein Glied in der betenden Gemeinde. Wir treffen sie am Pfingsttag wieder. Maria war anwesend bei den Hundertzwanzig (s. Apg 1,15), die vom Heiligen Geist erfüllt wurden. Maria war anwesend nach der Auferstehung. Die Geschwister waren auch anwesend. Jakobus erlebte eine besondere Offenbarung des Herrn. Und ich bin Gott dankbar! Du kannst deine Brüder und Schwestern, deine Mutter und deinen Vater nicht bekehren, du kannst höchstens für sie beten; das ist das Einzige, was du für sie tun kannst. Du kannst für sie beten, aber bekehren, das kann nur der himmlische Vater! Der Heilige Geist überzeugt im richtigen Moment, nämlich dann, wenn die Zeit dafür kam und es dich nicht mehr gibt. So viele kamen erst zum Glauben, als die Mutter nicht mehr existierte oder als es die Großmutter nicht mehr gab. Ich werde nie vergessen – ich war noch ein junger Pastor in Stuttgart –, als jemand in die Gemeinde kam und sagte: „Ich will mich bekehren." Ich sagte: „Was, so schnell? Du bist doch erst das erste Mal hier bei uns im Gottesdienst?" Er erwiderte: „Ja, ich muss mich bekehren!" Ich fragte: „Warum?" und er gab zur Antwort: „Meine Großmutter starb und es gibt niemanden mehr, der für mich betet. Jetzt muss ich selbst den Herrn suchen!" So viele Leute verlassen sich auf ihre Angehörigen! „Mein Onkel, mein Bruder, meine Schwester oder meine Mutter betet für mich." Aber nun sind sie nicht mehr da. Nun musst du selbst den Mund öffnen und zu Gott rufen. „Ich muss mich bekehren!", sprach er. Sein Name war Bernd. Er blieb bis zum Schluss in der Gemeinde, der ich als Pastor vorstand. Die Menschen müssen ganz alleine erkennen, dass sie sich bekehren müssen, offenbart und geführt durch den Heiligen Geist.

Das Wunder von Weihnachten ist die Rettung der Menschheit. Gott wirkt. Die Rettung der Welt ist Gottes Angelegenheit. Es steht geschrieben: **<u>Denn also hat Gott die Welt geliebt, dass er seinen eingeborenen Sohn gab, auf dass alle, die an ihn glauben, nicht verloren werden, sondern das ewige Leben haben (Joh 3,16).</u>** Die Menschen suchten Gott nicht. Sie flehten nicht: „O Herr, sende uns den Retter und

Erlöser!" *„Die Welt ging verloren"* und dann, *„Christ ward geboren"*. Dieses Lied läutet die Weihnachtszeit ein. Gott gibt die Menschheit nicht auf. Es geht Ihm um unser Überleben, Brüder und Schwestern. Weihnachten ist wie eine Bescherung Gottes. Nicht nur etwa, dass wir uns gegenseitig Geschenke überreichen, sondern Gott beschenkt uns, und nachdem wir beschenkt wurden, können wir andere beschenken. Deshalb gilt: an Weihnachten musst du zuerst beschenkt werden, und erst dann kannst du die Welt beschenken mit der Liebe Gottes, mit Sanftmut und mit guten Worten der Ermutigung. Gott beschenkt uns mit Seiner Liebe. Er kommt zu uns. Er schenkt uns keine Mängel. Er bewirkt es schon. Er selbst erledigt die Sache. Er wohnte unter uns zwanzig Jahre, wie damals in Nazareth.

Diese Weihnachtsnacht veränderte die gesamte Weltgeschichte! Dieses Ereignis veränderte alle Schicksale der Menschheit! Wir wären alle verloren! Wir würden alle in der Hölle landen! Wir würden von Satan gebraten, gekocht, geschlagen und gepeinigt werden! Wenn Jesus nicht gekommen wäre, wäre die Hölle voller gequälter Menschen. Sogar voll von guten Menschen, die litten und leiden, wie damals am 4. Juli 1954 in Bern während der Endrunde. Keiner glaubte, dass Deutschland noch einmal hochkommen würde, nachdem was im Dritten Reich damals alles stattfand. Deutschland war damals von den Freimaurern und anderen Ganoven und Weltverschwörern verurteilt und verdammt worden! Ja, Deutschland war verurteilt, und auf einmal wurde die deutsche Mannschaft Weltmeister. Sechzigtausend Leute sahen im Stadion das Endergebnis. Zuerst war Ungarn auf der Siegeswelle, doch plötzlich „drehte man den Spieß um". Plötzlich siegte Deutschland! Plötzlich geschah das Wunder, das Wunder von Bern, neun Jahre nach dem Krieg! Irgendwer schrieb damals, dass dieses Spiel in Bern die Geburtsstunde der Bundesrepublik Deutschland sei!" Plötzlich wurde überall davon Notiz genommen: „Deutschland ist wer!", „Wir sind Weltmeister!" Das teile ich euch nur nebenbei mit. Das Spiel ist vergessen, aber nicht das, was drumherum geschah, was mit unserer Deutschen Nation geschah. Man hatte das Gefühl, wieder in die Völkervereinigung aufgenommen zu sein. Man hatte das Gefühl, man ist wieder respektiert. Man hatte das Gefühl, dass man wieder jemand ist. Das tat gut. Von diesem Moment an erfuhr Deutschland ein Wirtschaftswunder. Plötzlich rafften sie sich auf und sagten: „Das, was wir im Fußball können, gelingt auch auf geistlicher Ebene!" Plötzlich baute sich alles auf. Die Depression war zu Ende.

So viele Leute leiden an Depressionen, weil sie Weihnachten nicht kennen. Sie wissen nicht, dass Gott „ein Licht angezündet hat" und, dass wir von Gott besucht wurden. Preis dem Herrn! Das hatte Auswirkungen auf alle Nationen. Deutschland durfte sich wieder an den Weltmeisterschaften beteiligen. Zuvor ließ man die Deutschen nur noch so mitlaufen: „Ach, die haben keine Ahnung vom Fußballspielen! Sie verloren den Krieg! Sie sind Nazis! Sie sind Verbrecher!" Eigentlich sollten die Deutschen kastriert werden. Die Amerikaner nahmen sich vor, die Deutschen zu kastrieren. Die erste Atombombe hätte eigentlich über Frankfurt am Main fallen sollen. Dieser Beschluss stand fest. Sie wollten Deutschland ausradieren: „Deutschland darf niemals wieder auferstehen!" Aber die Gnade Gottes ist, dass der Herr unsere Nation nicht aufgab! Plötzlich hieß es: „Wir sind Weltmeister!" Deutschland wurde zum Weltmeister emporgehoben: „Wir sind es wieder wert! Wir sind wieder anerkannt! Wir sind wieder akzeptiert!" Deutschland erwachte aus der Bedeutungslosigkeit, aus dem Fluch! Es gelang Deutschland, diesen Fluch abzuschütteln!

„Das Wunder von Bern" ist nicht nur eine Larifari-Geschichte. Man ist wieder stolz darauf, ein Deutscher zu sein. Viele Jahre war man nicht stolz über die deutsche Nationalität. Ich weiß noch, dass mein Schwager als Austauschschüler nach England fuhr. Niemand wollte mit ihm spielen. „Hitlerboy" hieß er. Niemand wollte mit ihm im Ausland etwas zu tun haben. Zu Hause bemerkte er nicht, dass er ein Hitlerboy ist, aber auf den Straßen von England. Dieses Wunder hatte einen großen Anteil an unserer Entwicklung in der BRD. Wir waren wieder ein Staat, ja, eine Nation! Das hatte eine große Aufbruchstimmung zur Folge! Wenn du weißt, „Gott hat uns lieb! Gott gab uns nicht auf! Gott nimmt von uns Notiz! Wir sind wieder wer! Gott besuchte uns!", dann verfliegt die ganze Depression in deinem Leben. Plötzlich fasst du wieder Fuß! Plötzlich entwickelst du dich weiter! Menschen, die sich aufgeben, die keine Hoffnung haben, gehen verloren! Mit denen geht es abwärts!

Die Leitmotive dieses Spieler-Teams, das als die Goldene 11 bezeichnet wurde, waren Fleiß, Mannschaftsgeist, Disziplin u. v. m. Das ist wichtig. Wir müssen zusammenstehen und zusammenhalten. „Wir werden gewinnen!" Wir lernen von Jesus. Er sprach: *„Lernt von mir"* (s. Mt 11,29a). Als Deutschland Weltmeister wurde und im Stadion die Nationalhymne ertönte, glaubte das Publikum, dass jetzt die Nationalsozialisten wiederkommen würden und lehnten sich dagegen auf: „Sie werden überheblich!" Deutschland sollte wiederauferstehen. „Das darf auf gar keinen Fall passieren!" Die Franzosen und Engländer bekamen Angst: „Deutschland ist jetzt Weltmeister!" Die deutschen Zuschauer im Stadion trauten ihren Ohren nicht, als sie die Hymne vernahmen! Dieses alte Lied, das man früher sang, *„Deutschland, Deutschland über alles"*, sang man wieder! Ich umschreibe das nur, damit du weißt, wovon ich spreche. Ich spreche von einem Wunderleben, das „der Herr in uns" begann. Das, was zuvor stattfand, nehme ich als Vergleich.

Die Ungarn, die das Spiel verloren hatten, wurden noch im Stadion angegriffen: „Ihr Verlierer, ihr Waschlappen, ihr Feiglinge!" Es gab eine Schlägerei. Die Spieler wurden von der kommunistischen Staatssicherheitsbehörde drangsaliert und in die Enge getrieben. „Ihr habt unser Land nicht würdig vertreten." Einige der Spieler kauften deutsche Pkw's von Mercedes-Benz. Daraufhin wurde ihnen vorgeworfen, dass sie gekauft worden seien: „Ihr habt absichtlich das Fußballspiel verloren!" Ungarn verzieh den Deutschen ihre Niederlage nicht. Einige der Spieler wurden verhaftet. Sie wurden irgendwohin in die Provinz verfrachtet: „Ihr taugt nichts!" Sie durften gar nicht mehr groß in Erscheinung treten. Die Verwandten der Spieler wurden auch drangsaliert. Plötzlich grassierte die Sippenhaft im Kommunismus. Einige Fußballspieler wanderten aus und blieben in Spanien. Sie kehrten aus dem Ausland nicht wieder zurück. Jemand sprach: „Ich kam nach Hause, so als ob ich die Pest hätte. Keiner wollte mich begrüßen."

Ich denke nur an den Olympiasieger Andreas Wecker, der sich in unserer Gemeinde bekehrt hatte. Er war ein Medaillengewinner. Als er einmal einen Kampf verlor, holte ihn sein Vater nicht einmal vom Bahnhof in Magdeburg ab. Das war das Schlimmste, was er erlebte! Weißt du, wenn du gewinnst und auf der Gewinnerlinie bist, wirst du überall gekrönt, bejubelt und besungen, aber wehe du verlierst! Nicht einmal der eigene Vater holte den Buben vom Bahnhof ab. Andreas sprach: „Das war der dunkelste und schwerste Tag in meinem Leben!" So ähnlich erging es dem ungarischen Mannschaftsspieler, der proklamierte: „Ich kam mir vor, als ob ich die Pest hätte!" Vorher waren sie die Lieblinge der Nation. Sie errichteten ihnen bereits zuvor ein Denkmal im Stadion, sie druckten Briefmarken, die sie dann einstampfen mussten. Für die ungarischen Fußballspieler bedeutete die Niederlage in Bern eine totale Kapitulation. Sie kamen all die Folgejahre nicht mehr hoch; das war vorbei! Das Wunder von Weihnachten! Ich bringe dieses Wunder hier in einen Zusammenhang. Gott stiftete etwas an! Dieses Wunder ging weiter, weiter und weiter, bis heute.

Stell dir nur einmal vor, wie viele Bücher über Jesus von Nazareth geschrieben wurden! Wie viele Lieder werden über Jesus von Nazareth gesungen! Wie viele Kirchen befinden sich im Namen Gottes auf dieser Welt! Wie viele Predigten wurden im Namen Jesu über Jesus und Weihnachten gehalten! Die Menschheit durfte nach und nach wieder aufatmen! „Sie kommen zu uns und machen die Welt mit Jesus verrückt!", hieß es einmal (s. Apg 24,5). Ja, die Sache Jesu geht weiter! Die Geburt des göttlichen Kindes in Bethlehem war Tor Nummer 1. Der Sieg auf Golgatha war Tor Nummer 2. Und Ostern und Pfingsten, die Ausgießung des Heiligen Geistes, war

Tor Nummer 3. „Wir gewannen! Halleluja!" Doch nicht wir kämpften, sondern die elf Männer, die da unten im Stadion kämpften! „Wir gewannen!" Lass dein Herz nicht entmutigt sein, auch wenn die Zeiten schwer sind, alles so aussichtslos, undurchsichtig, unfassbar und unerklärbar in deinem Leben ist und du auch wie die Pest behandelt wirst. Lass dir deinen Jesus nicht nehmen. Er ist der Eckstein, den die Bauleute verwarfen (s. Mt 21,42a). Er ist der Fels des Christentums. Wenn wir Jesus nicht mehr hätten, den Namen Jesu, müssten wir einpacken und nach Hause gehen! Welches Kind erfährt schon eine Ehrung wie Jesus? Die Engel verkündigten, was nachfolgend geschrieben steht: **Denn euch ist heute der Heiland geboren, welcher ist Christus, der Herr, in der Stadt Davids (Lk 2,11).** Sowohl die Hirten, die einfachen Leute, als auch die hochgestellten Astronomen kamen und gaben Ihm die Ehre. Diese, die den Durchblick haben und die Welt verstehen, sagen: „Das ist der Heiland!" Jesus ist der von Gott Geliebte, der von Ihm Anerkannte. Lass dir das Weihnachtsfest nicht versauern. Satan möchte uns das Weihnachtsfest verderben! Und er schaffte es zum Teil! Die Kirchen sollen geschlossen sein! Gott sandte Jesus! Dass die Kirchen während dieser Corona-Pandemie-Zeit geschlossen bleiben und keine Gottesdienste stattfinden, vor allem keine Weihnachtsgottesdienste, das gab es zuvor noch nie! Dass man die Großmutter nicht besuchen darf und dass man keine Weihnachtslieder mehr singen darf, das gab es auch zuvor noch nie! Satan versucht, uns das Weihnachtsfest zu vermiesen, wo es nur möglich ist. Aber warte nur, „das Wunder von Bethlehem" findet statt! Den Leuten wird das Hören und Sehen vergehen! Jetzt ist man stolz, weil man, wie der Gesundheitsminister ausrief, „das Geschenk von Weihnachten" habe: die Spritze! Eine Frau mit 101 Jahren wurde geimpft! Sie stirbt ohnehin. Das ist herausgeworfenes Geld. Sie hätte auch ohne Impfung überlebt, denn schließlich lebte sie bereits 101 Jahre und ist stark genug. Ihr Immunsystem ist intakt. Aber sie wurde dennoch geimpft, um mit ihr Reklame zu machen. Diese Frau wird irgendwann sterben, denn dem Menschen ist es gesetzt, einmal zu sterben (s. Hebr 9,27a). Von wegen: „Die Alten muss man impfen!" Von mir aus. Ich habe nichts gegen die Impfung, sage aber, dass das alles nur Spektakel ist. Die Leute verlassen sich auf die Spritze. Verflucht ist jeder, der sich auf Menschen – bzw. auf eine Spritze oder dergleichen – verlässt (vgl. Jer 17,5). Wenn du dich auf die Ärzte, die Medikamente oder die Menschen verlässt, anstatt auf Gott, bist du schon verlassen! Ja, du bist verlassen von allen guten Geistern, gleich der Ungarn damals: Tor 1, Tor 2, Tor 3 – das Spiel ist vorbei!

Viele Menschen starben für Jesus. Gott soll die Ehre gegeben werden! Was taten die Gottlosen, die Atheisten, die Kommunisten? Sie sangen keine wunderbaren Lieder von Liebe, Güte und Barmherzigkeit. Sie wollten nur den Materialismus realisieren! Lass dir das Weihnachtsfest nicht vernebeln. Betrachte, was Gott tat: Er sandte Seinen Sohn! Ich bedauere alle, die Anstoß an diesem Fest nehmen. Für mich ist Weihnachten eines der göttlichsten und christlichsten Feste! Wir hätten nichts von Golgatha, nichts von Ostern und auch nichts von Pfingsten, wenn nicht Weihnachten stattgefunden hätte! Ohne Weihnachten wären alle diese Feste nicht denkbar! Das ganze Leben wäre nicht denkbar! Das Wunder von Weihnachten! Ich bedauere alle, die keine lebendige Hoffnung haben; die nicht wissen, dass Gott Seinen Sohn sandte. Sie verstanden den Willen des Herrn noch nicht, und zwar diesen, dass die Liebe des himmlischen Vaters inkarnierte, dass Er Fleisch wurde und mitten unter uns war. Jesus sprach, was nachfolgend geschrieben steht: **<u>Und wer mich sieht, der sieht den, der mich gesandt hat (Joh 12,45).</u>**

Gott gab uns in Jesus einen archimedischen Punkt, mit dem wir die Welt – unsere Welt – aus den Angeln heben können. In welcher Situation du dich auch immer befindest, mit Gottes Hilfe kannst du alles meistern und managen. Das ist kein Problem. Habe nur einen festen Punkt, einen festen Halt, und du wirst hindurch getragen. Und wenn du nur einen Strauch hättest, an dem du dich festhalten könntest, kämst du hindurch. Du wirst die Katastrophe überleben. Gott gab uns Jesus. Der Ministerpräsident unseres Landes ließ verlauten, dass es „ein Licht im Tunnel gibt", weil die Spritze da sei. Die Spritze ist nicht das Licht im Tunnel! Es muss zweimal gespritzt werden, bevor die Impfung überhaupt etwas bewirkt! Danach wissen die Leute immer noch nicht, ob sie resistent sind. „Ein Licht im Tunnel", verstehst du? Menschen, die von Gott verlassen sind und keine Hoffnung haben, halten sich an eine Spritze, an Tabletten und dergleichen mehr.

Mit der Geburt Jesu wurde wirklich ein Licht angezündet! Es steht geschrieben: **Wir haben seinen Stern aufgehen sehen und sind gekommen, ihn anzubeten (Mt 2,2b).** „Wir sahen Seinen Stern!" Das fand damals statt. Dieser Stern leuchtet schon Jahrtausende! Saturn und Jupiter formierten sich zu einem großen Stern, gleich einer Supernova. Die Weisen brachen auf, den neugeborenen König zu sehen, wie nachfolgend geschrieben steht: **Wo ist der neugeborene König der Juden? (Mt 2,2a).** Die Hölle wurde erschüttert! Jerusalem, diese fromme, religiöse Stadt, zitterte, als die Bewohner das hörten: „Der neugeborene König ist da!" *„Der neugeborene König der Juden"*, nicht Herodes, nicht Augustus und nicht irgendein Cäsar, sondern der König der Juden kam; der Heiland der Welt! *„Wir haben Seinen Stern aufgehen sehen"*. Bei welchem König, bei welchem Menschen, bei welcher Persönlichkeit ging ein Stern am Himmel auf? Das gab es noch nirgends! Das hörte ich noch nie zuvor! Zarathustra, Bileam und all die anderen Männer, die weder Christen noch Juden waren, sprachen: „Wir sahen Seinen Stern! Ein Licht ging auf!" Abermals, es steht geschrieben: **Denn das Volk, das in der Dunkelheit lebt, sieht ein helles Licht (Jes 9,1a NLB).** Da war kein Licht irgendwo in einem Tunnel; eine kleine Funzel.

Es geschah um Mitternacht. Die Sonne Gottes ging auf. Sie erstrahlte inmitten der Finsternis. Die Hirten riefen aus: „Was ist das?" Sie waren im Scheinwerferlicht Gottes! Plötzlich umleuchtete sie ein Licht (s. Lk 2,9). Sie sahen nicht mehr ihre Schäfchen, sondern Heerscharen von Engeln (s. Lk 2,13). Seitdem ist die Finsternis keine Finsternis mehr (s. Ps 138,6-8). Die Weisen aus dem Morgenland pilgerten nach Jerusalem und riefen aus: „Wir sahen im Fernen Osten Seinen Stern!" Zu Weihnachten gibt Gott ein Festival! Ja, ein Fest, das die Weltgeschichte verändert!

Wir dürfen optimistisch und positiv sein. „Der Herr lädt uns zu Seinem Fest ein! Lasst uns gehen! Lasst alles andere stehen!" Das taten die Hirten, wie nachfolgend geschrieben steht: **Und da die Engel von ihnen gen Himmel fuhren, sprachen die Hirten untereinander: Lasst uns nun gehen gen Bethlehem und die Geschichte sehen, die da geschehen ist, die uns der Herr kundgetan hat (Lk 2,15).** Sie gingen los, um Jesus anzubeten.

Bei dem Wunder von Bern ging es um die Vergangenheitsbewältigung, vor allem für die Deutschen. Und auch du kannst endlich einmal deine Vergangenheit bewältigen! „Ich komme aus einer armseligen Familie, die sich schuldig machte bzw. aus einer Verbrecherfamilie!" Wir alle machten uns schuldig. Wir alle waren Sünder (s. Röm 3,23). Wir waren Sünder und wir werden Sünder bleiben. Aber jetzt auf einmal kannst du deine Vergangenheit bewältigen, weil Jesus kam. Er vergöttlicht dich! Er nimmt dich an! Löse dich von deinem Nazareth-Stigma! Darauf gehe ich jetzt ein: *„Was kann aus Nazareth Gutes kommen!"* (Siehe Joh 1,46a) Das fragte dieser fromme Nathanael. Philippus erwiderte: *„Komm und sieh!"* (Siehe Joh 1,46b) So viele Menschen leiden unter diesem Nazareth-Stigma. So viele Deutsche leiden unter dem Nazi-Syndrom! „Hitlerboy", „Sauerkraut" u. v. m. Aufgrund deiner Vergangenheit bist du verrufen. Man beschuldigt dich: „Du warst rauschgiftsüchtig!" oder „Du warst dieses und jenes!" Satan will an dir keinen guten Faden lassen. Es steht geschrieben: **Als er aber hörte, dass Archelaus in Judäa König war anstatt seines Vaters Herodes, fürchtete er sich, dorthin zu gehen. Und im Traum empfing er einen Befehl und zog ins galiläische Land und kam und wohnte in einer Stadt mit Namen Nazareth, auf dass erfüllt würde, was gesagt ist durch die Propheten: Er soll Nazoräer heißen (Mt 2,22f.).** Nazareth, diese unbedeutende Ortschaft! Sie waren zwar fromm, aber verrufen, gerade auch aufgrund ihrer Frömmigkeit, weil sie Nationalisten waren. In Nazareth lebten die Nationalisten, die aus der Babylonischen Gefangenschaft zurückkamen; diese, die auf das Reich Gottes warteten. Josef war ein Nachkomme aus dem Gefolge Davids. Eigentlich wäre er

König über Judäa gewesen. Er ging nicht mehr zurück nach Jerusalem. Dort hätte er sich in Gefahr gebracht. Herodes trachtete ohnehin danach, alle David-Nachfolger auszurotten. Er blieb in Nazareth. Nazareth war zu jener Zeit ein kleines Kaff, aber dort befand sich eine Synagoge. Ich war mehrere Male in dieser kleinen Synagoge, und ich las diesen Text, den Jesus sprach, und der nachfolgend geschrieben steht: **Der Geist des Herrn ist auf mir, weil er mich gesalbt hat und gesandt, zu verkündigen das Evangelium den Armen, zu predigen den Gefangenen, dass sie frei sein sollen, und den Blinden, dass sie sehen sollen, und die Zerschlagenen zu entlassen in die Freiheit und zu verkündigen das Gnadenjahr des Herrn (Lk 4,18f.).** Obwohl diese Stadt eine Synagoge hatte, war sie verrufen. *„Was kann aus Nazareth Gutes kommen?"* Jesus kommt und macht Nazareth bekannt. Heute steht überall „Jesus von Nazareth". Er ist ein „von und zu" bzw. ein Adeliger! Jesus von Nazareth und Seine Stadt ist bekannt. Hier wurde das Fundament Jesu, die Basis für Sein Leben, gelegt. Das Wunder Gottes! Die Gnade Gottes! Ohne „Nazareth" wirst du Jesus nicht verstehen. Du kannst die Bibel studieren so viel du willst. Du wirst begreifen: Er lebte unter uns! Er war einer wie wir! Er arbeitete! Nazareth war der Ort, an dem Jesus Seine Sendung als Mensch auslebte. Hier bewährte Er sich. Das war Nazareth. Du hast auch „dein Nazareth". Das ist dein Kiez, deine Wohnung, deine Umgebung, deine Firma und deine Familie. Hier reifte Jesus und wurde zu einem wirklichen Menschen. Es steht geschrieben: **Und Jesus nahm zu an Weisheit, Alter und Gnade bei Gott und den Menschen (Lk 2,52).** Nazareth war Seine „Bibelschule". Wenn du in die Bibelschule gehen willst, so gehe in deinen Alltag, gehe „nach Nazareth", also dorthin, wo du lebst und wirkst. Da lernst du eine Glaubenshaltung! Du lernst, dein Leben zu gestalten und dich zu bewähren. Du lernst, dir gar nicht groß etwas einzubilden: „Ich bin etwas Besonderes. Ich bin Christ!" Vergiss es! Du kannst dir für dein Christentum nichts kaufen. Nein, im Gegenteil! Du wirst noch verkannt, verleumdet, verachtet, verspottet und verlästert. Satan lästert über dich: *„Was kann aus Nazareth Gutes kommen?"* Doch hier lebte der Heilige unter unheiligen Menschen! Hier war der Gerechte unter den

Ungerechten! Hier bewährte sich der Gläubige unter den Ungläubigen! Wegen ihres Unglaubens konnte Er keine Zeichen und Wunder wirken (s. Mt 13,58), außer ein bisschen die Hände auflegen und die Leute berühren. Hier war der Starke unter den Schwachen! Hier sammelte Jesus Seine Erfahrungen, die Illustrationen für Seine wunderbaren Geschichten in den Evangelien über Vater Josef. „Mein Vater sagte es mir" oder „Meine Mutter sagte es mir." Das fand während der Arbeit statt, während sie sich einander mitteilten. Hier sammelte Er die praktischen Beispiele. Hier erlebte Er die Liebe Gottes, die Liebe des Vaters, die Liebe der Mutter, aber auch den Hass der Geschwister, den der Nazarener: „Willst Du etwa besser sein als wir?" Hier verwirklichte Er die Pflichten des Herrn, das, was Gott Ihm auftrug: „Bleibe still! Bleibe ruhig! Bewähre Dich!" Achtzehn Monate währte es! Jesus ordnete sich Seinen Eltern unter; nach seiner Erfahrung im Tempel ordnete Er sich unter (s. Lk 2,51a). Dieser Jesus war gehorsam den Eltern gegenüber. In Jerusalem hörte man in den Straßen die Rufe: *„Kreuzige, kreuzige Ihn!"* (Siehe Lk 23,21) Er wurde verspottet, verlacht, angespuckt und beleidigt. Aber in Nazareth lebte Er Seinen Glauben aus. Großartig! Nazareth ist der Ort, in dem „Weihnachten" praktiziert wird. In Bethlehem wurde Er geboren, aber in Nazareth praktizierte Er Seinen Glauben. Der Sohn Gottes lebt auf Erden „in Nazareth". Jesus, wenn du Ihm begegnen möchtest, Ihn gibt es nur in Nazareth. In deinem Alltag wirst du Jesus begegnen! Du begegnest Ihm dort, wo du zu Hause bist! Du begegnest Ihm in deinem Verwandtenkreis, bei Oma und Opa, bei deinen Geschwistern, doch nicht in der Gemeinde! Nur „in Nazareth" kannst du Jesus begegnen! Dort spielt sich die Realität der Weihnachtsgeschichte ab. In dieser gebrandmarkten, verrufenen Stadt wird Weihnachten weitergelebt! Es ist so widersprüchlich! Mit diesem Stigma *„Was kann aus Nazareth Gutes kommen?"* bzw. „Was kann aus der Sekte der Nazarener Gutes kommen?", mit diesem Brandmal musste Er leben! So viele Christen tragen ein unsichtbares Brandmal! Das müssen wir ablegen! „Ich bin ein Geliebter des Herrn, dem die Gnade Gottes" – das Wunder von Weihnachten – „widerfuhr!" Dieses Brandmal musst du loswerden, sodass dich das gar nicht mehr kümmert, sondern du sogar noch stolz darauf bist: „Ich bin ein

Nazarener!" Jesus war stolz, ein Nazarener zu sein. Sein Kreuz wurde mit großen Lettern beschriftet: „Jesus von Nazareth, König der Juden". Pilatus sagte: *„Was ich geschrieben habe, das habe ich geschrieben."* (Siehe Joh 19,22) Das, was im Wort Gottes über Jesus steht, wurde geschrieben. Er schämte sich nicht dafür, dass Jesus verrufen war, dass Er womöglich diese oder jene Krankheit hatte, gleich einem, der von Aids oder Aussatz gezeichnet ist, oder gleich jemandem, der von der Pest befallen ist. So etwas war meldepflichtig wie heutzutage der Coronavirus. Er blieb das, was Er war, und sprach: „Ich lebe mein Leben trotzdem weiter!"

Durch Jesus wurde die Stadt Nazareth gesegnet und geheiligt. Das Böse wurde gut durch Jesus, weil Er dort lebte und sich dort bewährte. *„Was kann aus Nazareth Gutes kommen?"* Da rümpfen die Leute die Nase. *„Was kann aus Nazareth Gutes kommen?"* Das ist eine böswillige Verleumdung! Du musst den törichten Leuten ihren Glauben lassen! Du darfst ihnen ihren Glauben nicht nehmen. *„Komm und sieh!"*, sprach Philippus zu Nathanael. „Überzeuge dich selbst!" Die meisten Menschen verstehen Gott nicht. Sie verstehen nicht, wie Er arbeitet: Gott geht zu den Schlimmsten und zu den am meisten Verrufenen und Verachteten. Diese, die nichts sind, erwählt Er sich (s. 1 Kor 1,27). Gerade zu den Nazarenern kam Jesus. Verstehe die Wege Gottes. Nur durch ein Wunder kann man von einem solchen Stigma befreit werden! „Ich bin jetzt ein Kind Gottes, ganz gleich, was ihr erzählt oder schreibt. Ihr könnt drucken soviel ihr wollt. Ich bin errettet und erlöst durch die Gnade Gottes. Ich muss niemandem sagen, was ich bin oder nicht bin, was ich kann oder nicht kann, was ich weiß oder nicht weiß, wo ich herkomme und was der Wille Gott für mein Leben ist. Ich weiß, was Gott von mir will, und ich lebe und gestalte jetzt mein Leben!" Das war Jesus, der Nazarener.

Jesus sprach: „Ich sah dich. Du bist ein guter Israelit." Das heißt so viel wie: „Du bist ein guter Mensch", wie nachfolgend geschrieben steht: **<u>Jesus sah Nathanael kommen und sagt von ihm: Siehe, ein rechter Israelit, in dem kein Falsch ist</u>**

(Joh 1,47). „Wo sahst du mich?" Jesus erwiderte: „Ich sah dich, als du unter dem Feigenbaum saßt (s. Joh 1,48) und darüber nachsannst, was denn Gutes aus Nazareth kommen könne." Gott liest deine Gedanken! Leute sagen mir oft: „Du liest meine Gedanken. Du verkündigst das, was ich heute Morgen sagte oder das, worüber wir uns gestern Abend unterhielten." Gott weiß, was dein Problem ist, so wie es bei Elisabeth und Maria war. Da treffen sich zwei, die nichts voneinander wissen, obwohl sie miteinander verwandt sind. Sie haben das gleiche Schicksal. Sie gehen den gleichen Weg. *„Rabbi, Du bist Gottes Sohn. Du bist der König von Israel!"* Das sagt Nathanael (s. Joh 1,49). Da bricht es aus ihm heraus: „Jetzt hat Er mich erkannt. Aha!" Was ist das für ein Aha-Erlebnis, wenn du weißt: „Gott sieht mich!" und: „Gott verachtet mich nicht! Er lässt mich nicht in meinen Vorurteilen stecken!"

Nazareth war für die frommen Juden eine Bedrohung. Jeder, der aus Nazareth kam, war sofort verdächtig. Später wurde es schlimmer: „Jesus, dieser Nazarener, der dieser Sekte anhängt." Sie waren alle gleich verrufen. „Nazareth" löst einen weltweiten Konflikt mit dem Judentum aus, der bis heute währt! Bis heute kamen sie mit diesem Nazarener nicht klar. Sein Name sollte aus den Büchern ausgelöscht werden. Gott fing die Heilsgeschichte in Nazareth an, dort, wo du es am wenigsten vermutest. „Jerusalem!", und „Gottes Wort wird von Jerusalem ausgehen!" Nein! Von Nazareth geht Gottes Wort aus! In Jerusalem kreuzigte, verspottete, verhöhnte und verlästerte man Jesus! Hier versagte Israel praktisch! In der Nähe von Nazareth geschah etwas: König Saul wurde erschlagen bzw. nahm sich das Leben (s. 1 Sam 31,4). Vor den Toren von Nazareth zerbrach das Königreich Israel. Da hörte der gesalbte König Saul auf zu existieren. Die Philister triumphierten (s. 1 Sam 31,9f.). Gerade dort in der Nähe, wo Satan triumphierte, wo das Königreich aufhörte, wo Saul in Gilboa (s. 1 Sam 31,8b), ganz in der Nähe von Nazareth, das Leben aushauchte, und sein Sohn Jonatan ebenfalls, dahin kommt Gott und beginnt, die Geschichte wieder ganz neu zu schreiben. Dort wohnten die Nachkommen Davids!

In Nazareth lebte Jesus zwanzig Jahre. Er wandelte unter ihnen und keiner merkte, dass Er der Sohn Gottes war. Ich will dir etwas sagen, worüber du vielleicht schockiert sein wirst heute Morgen! Du musst nicht mit einem Schild herumlaufen, das die Aufschrift „Ich bin ein Christ" trägt. Du musst einfach vorleben, dass du ein Christ bist und den Mund verschließen, wenn man dich beleidigt. Du musst lernen, mit Gott und Seiner Gnade „in Nazareth" zu leben. „Herr, alles, was ich bin, ist Gnade! Gnade und nichts als Gnade!" Jesus von Nazareth nützte die Zeit. Er versuchte, so viel wie möglich Gutes zu tun. Ob Er das tat, weiß ich nicht. Das steht nicht in der Bibel. Manche möchten ganz genau wissen, was Jesus in den Jahren, die Er in Nazareth verbrachte, tat. Manche schreiben Bücher und versuchen durch Geistesoffenbarungen herauszufinden, was Er tat. Da kannst du lange suchen! Das schaffst du nicht! Jesus lebte Gott aus und verwirklichte Ihn. Wir sangen früher ein schönes Lied, das wie folgt lautet: *„Wunder der Gnade Jesu, größer als all meine Sünd; wie soll mein Mund sie beschreiben, preisen, was in Ihm ich find? Sie nimmt hinweg meine Bürde, Freiheit mein Geist gewinnt. Drum die wunderbare Gnade in Jesus ich verkünd'. Unvergleichlich wunderbare Gnade, tiefer als das Meer, das wogt mit Macht. Wunder der Gnade, die mich bedacht, die all meine Übertretung deckte, größer ist als alle meine Schuld."*

Nimm dieses Wunder der Gnade für dich persönlich! Gott offenbarte sich in Jesus Christus für einen jeden von uns! *„O verherrlicht diesen teuren Namen Jesus! Preiset Ihn!"* Ich möchte, dass du diesen Gedanken mit nach Hause nimmst! Nicht jenen Gedanken über das Wunder von Bern oder ein anderes, sondern diesen über das Wunder der Gnade Gottes! Er begnadigte uns! *„Wunder der Gnade Jesu, die mich Verlornen entzückt; sie schenkt mir volle Vergebung, löst mich, worin ich verstrickt. Sie hat die Ketten zerbrochen, Freiheit mich nun entzückt, seit die wunderbare Gnade Jesu mich beglückt."*

Wunder der Gnade Jesu! Das beglückt mich! Du solltest beglückt sein über die Wunder der Gnade, die bei dir passieren durch das, was in Nazareth geschah. Jesus war ein wandelndes Wunder Gottes! *„Wunder der Gnade Jesu, alle Befleckung zerrinnt. Sie weckt erneuernde Kräfte, macht mich zu Gottes Kind; schenkt ewig Frieden und Freude, ob alles sonst verschwindet. O der wunderbaren Gnade in Jesus trau ich blind."* Du musst nicht alles verstehen. Glaube diese Wunder blind: „Es geschah. Ich kann dieses Wunder fassen. Ich kann dieses Wunder annehmen!" Seit ich das kann, begann in meinem Leben ein Wunderleben! Dafür muss ich nicht nach Nazareth fahren! Das kann ich auch hier in Berlin erleben, gerade da, wo ich bin, draußen auf irgendeinem Pflaster, auf irgendeiner Straße! Wunder der Gnade Jesu!

Gebet: Danke, Jesus, für dieses Weihnachtswunder! Lass bei vielen meiner Hörer jetzt diese Sonnenwende passieren, sodass die Tage länger werden und das Licht immer heller wird, dass sie sich des Lebens freuen, dass sie das Leben genießen und sagen: „Wir haben gewonnen! Wir haben gesiegt!", gleich derer, die einst „den Sieg von Marathon" ausriefen: „Wir siegten!" Jesus! Du hast gesiegt! Deine Sache siegte in dieser Welt! *„Dass Jesus siegt, bleibt ewig ausgemacht."* Halleluja! Das Wunder von Bethlehem! Das Wunder von Weihnachten! Die Wunder, die in Nazareth geschahen! Die Wunder, die in Kapernaum und in Galiläa geschahen! Jesus, wir erlebten, was kein König und kein Priester je erlebte, denn das offenbartest Du den Unmündigen! „Wir sahen Deinen Stern" und wollen Dich loben und preisen an diesem Weihnachtssonntag! Danke, Herr Jesus! Amen

Teil 3

Predigt von Pastor Joh.W.Matutis

„Von der Krippe bis zum Kreuz"

Preis dem Herrn! Ich wünsche euch einen gesegneten vierten Advent! Gott ist gut! Mein Eingangsvers lautet wie folgt: **Denn also hat Gott die Welt geliebt, dass er seinen eingeborenen Sohn gab, auf dass alle, die an ihn glauben, nicht verloren werden, sondern das ewige Leben haben (Joh 3,16).** Heute werde ich über das Kreuz predigen, doch auch über die Krippe; damit beginne ich. Erst kommt die Krippe, dann das Kreuz, und dann die Krone. Der Herr versprach uns, was nachfolgend geschrieben steht: **Selig ist, wer Anfechtung erduldet; denn nachdem er bewährt ist, wird er die Krone des Lebens empfangen, die Gott verheißen hat denen, die ihn lieb haben (Jak 1,12).**

Normalerweise immer dann, wenn man eine Kathedrale baut, will man die Menschen zum Himmel und zu Gott bringen. Aber hier näherte sich Gott uns. Er verließ alle Herrlichkeit, den Dienst der Engel u. v. m., und stiegt herab, um unter uns zu wohnen. Gott begann das Erlösungswerk in einem Stall! Das geschah nicht in einer großen Kathedrale oder Kirche, sondern in einer Krippe! Er machte ein Krippenspiel. Ich möchte heute über die Krippe sprechen, darüber, was die Krippe wirklich bedeutet. Wir haben nur eine kleine Krippe. Ihr seht sie wahrscheinlich nicht von da hinten aus. Es sind auch die Hirten mit ihren Schafen dabei und Leute, die aus aller Welt zusammenkamen. Auch die Weisen aus dem Fernen Osten kamen und taten kund, was nachfolgend geschrieben steht: **Wo ist der neugeborene König der Juden? Wir haben seinen Stern aufgehen sehen und sind gekommen, ihn anzubeten (Mt 2,2).**

Ich lese die Geschichte der Geburt Jesu aus dem Evangelium nach Matthäus: Die Geburt Jesu Christi war also wie folgt: Maria, Seine Mutter, war mit Josef verlobt (s. Mt 1,18a). Sie waren nicht verheiratet. Ich betone das! Noch bevor sie zusammenkamen, einander erkannten und dergleichen, zeichnete sich ab, dass Maria ein Kind erwarten würde (s. Mt 1,18b). Das Kind wurde durch das Wirken des Heiligen Geistes gezeugt; wir kennen ja diese Geschichte. In der Weihnachtszeit wird sie immer wieder vorgelesen. Josef war ein gerechter, lieber Mann. Er wollte Maria nicht bloßstellen, deshalb beschloss er, sie heimlich in aller Stille zu verlassen (s. Mt 1,19). Gott überzeugte Josef und sprach: „Halte fest an ihr; denn das, was von ihr geboren wird, ist vom Heiligen Geist." Sie war ihrem Verlobten nicht untreu, gemäß einem Bericht aus dem Talmud, demzufolge Maria womöglich eine Liebschaft mit einem römischen Soldaten hatte. Nein! Der Heilige Geist schenkte uns Jesus! Er brachte Ihn in diese Welt. Jesus ist ein Schöpfungswunder! Während Josef noch darüber nachsann, erschien ihm der Engel des Herr des Nachts im Traum und sprach, was nachfolgend geschrieben steht: **Josef, du Sohn Davids, fürchte dich nicht, Maria, deine Frau, zu dir zu nehmen; denn was sie empfangen hat, das ist von dem Heiligen Geist (Mt 1,20).** Du siehst, dass Gott uns während der Träume überzeugt. Er spricht durch Träume. Das ist auch heute noch so. Gott will uns durch Träume führen und leiten. Und weiter sprach der Engel, was nachfolgend geschrieben steht: **Und sie wird einen Sohn gebären, dem sollst du den Namen Jesus geben, denn er wird sein Volk retten von ihren Sünden (Mt 1,21).** Gott gab den Namen noch bevor Er geboren wurde! Man muss nicht durch Ultraschall herausfinden wollen, ob es ein Junge oder ein Mädchen ist. Nein! *„Dem sollst du den Namen Jesus geben".* Und dann steht geschrieben: *„Er wird Sein Volk retten von ihren Sünden".* Denn alles ist geschehen, damit sich erfülle, was Gott durch den Propheten Jesaja gesprochen hatte: „Siehe, eine Jungfrau wird ein Kind empfangen; einen Sohn." (Siehe Jes 7,14a) Siebenhundert Jahre zuvor fand eine Prophetie statt! Und weiter heißt es hier: „Und du sollst Ihn Immanuel nennen." (Siehe Jes 7,14b) Nicht also Jesus, sondern Immanuel! *„Das heißt übersetzt: Gott mit uns. "* (Siehe Mt 1,23c) Gott ist mit uns! Seit Weihnachten ist Er mit uns! Wir müssen keine Angst haben: „Was passiert, wenn nichts passiert?" Wir sind getrost, weil wir wissen, dass Gott alle Tage bei uns ist.

Als Josef erwachte – er wird sich seine Augen gerieben und gefragt haben, „was geschah?" – tat er, was der Engel ihm befohlen hatte und nahm Maria zu seiner Frau. Es ist so wichtig, dass wir den Träumen gehorchen, in denen Gott zu uns spricht. Aber wir müssen auch genau wissen, dass es Gott war! Die Engel kündigten uns den Retter an: *„Heute ist euch der Retter geboren worden".* (Siehe Lk 2,11a GNB) Das verkündigten die Engel den Hirten auf Bethlehems Fluren. Jesus kam, um den Willen Gottes zu tun und um uns zu erlösen. Gott will, dass allen Menschen geholfen werde und sie alle zur Erkenntnis der Wahrheit gelangen (s. 1 Tim 2,4). Das ist Advent! Das ist Weihnachten! Das ist die Botschaft der Erlösung! Wir konnten nicht mehr zu Gott aufsteigen; das war uns nicht mehr möglich. Selbst wenn wir alle Raketen zusammennehmen würden, wäre es uns nicht möglich, in den Himmel zu gelangen! Wir müssen von der sichtbaren Welt in die unsichtbare übergehen und die Grenzen übertreten. Dieses Wunder kann nur durch den Heiligen Geist stattfinden. Deshalb kam der Herr zu uns hernieder. Er wusste einen Weg, wie Er zu uns gelangt. Auf einmal steht Er vor der Tür und klopft an (s. Offb 3,20a). Er spricht: „Wer mir die Tür öffnet, zu dem werde ich einkehren und Gemeinschaft mit ihm haben." (Siehe Offb 3,20b)

Gott steigt vom Himmel hernieder, um *„Immanuel"* bzw. *„Gott mit uns"* zu sein. Er wird klein und schwach, gleich uns. Er wird nackt, bloß, arm und elend. In allem wurde uns Jesus Christus gleich! Er wurde einer von uns! Er stieg hinab vom höchsten Thron! Der Sohn Gottes stieg hinab zu uns Menschen! Er nahm, was uns war und gab uns, was Sein war. Wir vollziehen ein Tauschgeschäft mit dem himmlischen Vater. Weihnachten kam der allmächtige Gott zu uns! Das ist die Botschaft! Dieser Prophet wird mächtig sein in Wort und Tat (s. Lk 24,19b). Und so war es auch! Er zog umher, tat Gutes und heilte die Menschen (s. Mt 4,23, 9,35). Doch Er kam ganz klein zu uns. Der Herr fängt immer ganz klein, bescheiden und gering an. Er kommt nicht gleich mit Pauken und Trompeten. Nein! Er kommt als Baby! Ein kleines Baby musst du suchen: „Wo ist es?"

Die Weisen kamen und taten ihr Herz – ihre Schätze – auf, priesen Gott und beteten Jesus an (s. Mt 2,11). Der Herr wird zu *„Immanuel"* bzw. zu *„Gott mit uns"*. Alles geschieht nach Seinem Willen. Weihnachten ist von Ihm gewollt, geplant bis ins Detail, ja bis aufs i-Tüpfelchen. Da gibt es keinen Zufall oder irgendein Schicksal, etwa, dass die Menschen eingriffen und etwas bewirkten. Nein, im Gegenteil! Gott korrigiert und begünstigt alles! „Josef, nimm diese Frau". Sie mussten nach Bethlehem ziehen. In Nazareth konnte Er nicht zur Welt kommen. Der Herr leitete alles: Kaiser Augustus musste die Volkszählung durchführen (s. Lk 2,1). Alles ist vom Herrn bewirkt. Dass Jesus in unser Leben kommt, ist vom Herrn bewirkt und geplant bis ins Detail. Du verstehst nicht, wie das funktioniert. Also, ich verstehe Weihnachten nicht. Und trotzdem versuche ich seit der fünfzig Jahre, da ich den Dienst der Verkündigung vollziehe, immer wieder, eine Weihnachtspredigt zu begreifen. Es ist ein Geheimnis. Der Wille Gottes geschieht ohne unser Dazutun. Unsere Erlösung, liebe Geschwister und Freunde, wird ohne unser Dazutun bewirkt. Wir müssen nur Ja und Amen sagen und ausführen, was Er sprach. *„Dein Wille geschehe"* usw. (Siehe Mt 6,10b)

Im Brief an die Hebräer ist über Jesus einmal das Folgende festgehalten: Er kam, um den Willen Gottes zu tun (s. Hebr 10,7). Er kam nicht etwa, um den Willen der Menschen zu tun, sondern, damit der Wille Gottes geschieht. Die Krippe, also dass Gott klein und gering wurde, spricht für die Menschlichkeit Gottes. Sie ist der Ehrenplatz Jesu Christi. Der Futtertrog der Tiere, der Schafe u. a., ist Sein Bettchen. Er wurde nicht in ein goldenes Bettchen gelegt. Er war einfach, schlicht und bescheiden. Mit der Krippe und dem Stall ordnet Gott das Leben der Gesellschaft bzw. der Menschen ganz neu: Er wird klein, damit wir groß werden. Er wird schwach, damit wir stark werden. Er wird fröhlich, glücklich und friedvoll, damit wir das Leben genießen können. Weder die politischen Eliten noch die Priester noch irgendwelche hochgestellten Leute erfuhren als Erstes die Worte: *„Euch ist heute der*

Heiland geboren", sondern die armen Hirten, die sich draußen auf dem Feld aufhielten. Des Nachts erfuhren sie: *„Euch ist der Retter geboren"*. Die Engel des Herrn bringen ihnen persönlich diese Nachricht! „Euch ist der Heiland, der Gesundmacher, geboren!" Die Hirten sind die ersten religiösen Agenten, die dieses Weltereignis begreifen! Sie verbreiteten das Wort Gottes allerorts: „Uns ist der Heiland, der Engel, erschienen! Passt auf, wie uns geschah: Plötzlich umleuchtete uns die Herrlichkeit des Herrn!" (Siehe Lk 2,9a) Sie bezeugten es.

Im Evangelium nach Lukas ist Folgendes verfasst: Von diesem Kind wird Macht und Herrschaft ausgehen (s. Lk 1,33). Die großen und mächtigen Herrschaften werden lächerlich gemacht: „Wo ist denn nun euer Erlöser?" Ganz Jerusalem erschrickt, als seine Einwohner vernehmen: *„Wo ist der neugeborene König der Juden?"* (Siehe Mt 2,2a) Das erfahren dort, irgendwo zweihundert Kilometer weiter, in Persien zu Ekbatana, die Weisen: *„Wir haben Seinen Stern aufgehen sehen"* (s. Mt 2,2b), und: „Wir suchen den neugeborenen König!" Warum? Weil eine alte Prophetie der Heiligen Schrift davon zeugt, dass eine Jungfrau schwanger werden würde. Sie betrachteten die Sternbilder, nicht etwa die Frau! Im Sternbild Jungfrau passierte etwas! Die Planeten Saturn und Jupiter fusionierten und bildeten zusammen einen großen Stern. Die Astronomen und Astrologen deuteten es wie folgt: „Der Judenstern und der Königsstern treffen aufeinander! Bei den Juden ist ein König geboren! Der Herr kam!" Das geschah exakt zu der Zeit, da es geschehen sollte: am 24. Dezember, zur Zeit der Sonnenwende.

Gott begegnet den Menschen und sie erfahren Glück im Unglück, in der Krankheit, in der Not, in der Schwierigkeit, in der Armut und in der Einfachheit. Gott kommt als Kind und wird größer und größer! „Er nahm zu an Gnade und Weisheit", wird uns später mitgeteilt (s. Lk 2,52). Er macht die Gewaltigen lächerlich! Er stößt durch dieses Kind die Großen, Starken, die etwas sein wollen und die sich etwas einbilden, von ihren Thronen. Gottes Weg zu uns führt über die Krippe, dann über das Kreuz –

darauf komme ich gleich zu sprechen –, und dann zur Krone. Der Großvater meiner Frau wurde im Konzentrationslager Mauthausen vergast. Er trug an seinem Revers das Bild „Kreuz und Krone". Das war seine Botschaft. Er sagte: *„Das Heil kommt aus den Juden."* (Siehe Joh 4,22b SLT) Ich besitze einige Bibeln von ihm. Er war Prediger in Erlangen und Nürnberg und stand einer tollen Gemeinde während der Hitlerzeit vor. Er wiederholte immer wieder die Worte: *„Das Heil kommt aus den Juden"* und nicht von Adolf Hitler. Gott sandte den Heiland in diese Welt zu einem Volk, das überhaupt kein richtiges Volk mehr war; es war unterdrückt und ausgebeutet von den Römern und dergleichen. Das Heil kommt aus dem jüdischen Volk. Im Neuen Testament, welches ich von ihm übernahm, sind diese Schriftstellen jeweils markiert. *„Das Heil kommt aus den Juden."* Er glaubte das. Deshalb musste er auch im Konzentrationslager sterben.

Krippe, Kreuz, Krone – das ist die Botschaft, die mich hier, heute und jetzt bewegt. Jesus konnte beim Eintritt in diese Welt ausrufen: „Mein Leib ist jetzt geschaffen." Der Herr gab eine nagelneue Schöpfung! Er schenkte uns, in der Krippe liegend, den Heiland, und der Wille Gottes wird bis heute verkündigt. Jesus übte vollkommenen Gehorsam dem Vater gegenüber aus. Er sprach, was nachfolgend geschrieben steht: **Und ich, wenn ich erhöht werde von der Erde, so will ich alle zu mir ziehen (Joh 12,32).** „Ich gehe hin, die Menschen zu retten, und ich werde sie zu mir ziehen, so gut ich kann." Das Kind in der Krippe kam, um den Willen des Vaters zu erfüllen und am Kreuz zu sterben, wie nachfolgend geschrieben steht: **Er erniedrigte sich selbst und ward gehorsam bis zum Tode, ja zum Tode am Kreuz (Phil 2,8).** Jesus führte den Willen Gottes aus; nicht Seinen! Er erlöste die Menschheit aus der Gewalt Satans.

Eine Kathedrale wird immer kunstvoll, wuchtig und imposant ausgebaut. Betrachte den Dom zu Köln oder einen anderen großen Sakralbau. Darin sehen die Leute den Himmel. Doch hier kam „der Himmel" zu uns, damit „wir in Jesus" den Himmel, die Rettung, erblicken! Wir müssen keine Angst vor Jesus haben, denn Er ist ein Baby.

Was kann ein Baby schon ausrichten? Es kann niemandem etwas antun oder jemanden irgendwie in Not versetzen. Eine Kathedrale wird nach menschlichem Verständnis errichtet, doch unsere Errettung, die durch Jesus Christus vollzogen wurde, wird auf göttliche Art bewirkt.

Krippe, Kreuz und Krone: Zuerst müssen wir Kämpfe haben, zuerst müssen wir klein anfangen und den Willen Gottes in unserem Leben zulassen. *„Josef, du Sohn Davids, fürchte dich nicht, Maria, deine Frau, zu dir zu nehmen; denn was sie empfangen hat, das ist von dem Heiligen Geist."* Also rebelliere nicht: „Was? Der Jude Jesus soll mir helfen?" Ja, denn *„das Heil kommt aus den Juden"*, ob das den Leuten passt oder nicht. Dadurch, wie Er zu uns kommt, gibt Gott Einblick in Sein Wesen, in Seinen Charakter bzw. in Seine Art. Er kommt in einer Krippe, ganz klein und bescheiden. Er ist kein großer Prediger oder Evangelist! Er wirkt des Nachts während wir schlafen: „Nimm an, was von Maria geboren ist." Die Krippe, der Futtertrog der Schafe, ist das Bettchen für den lieben Gott. Kannst du dir das vorstellen? So klein wird der Herr! Mehr braucht Er nicht und mehr will Er auch nicht. Das reicht Ihm vollkommen aus. Das ist unsere Zufluchtsstätte. Gott wohnt bei den Tieren! Erschrick nicht über das, was ich verkündige. Ich möchte euch mitteilen, was mir bewusst wurde während meines Meditierens, Nachsinnens und Nachdenkens über die Geburt Jesu Christi: Ich freue mich über Weihnachten und bin begeistert davon! Ohne Weihnachten gäbe es kein Ostern, kein Pfingsten, keine Himmelfahrt und gar nichts! Ich bin Gott dankbar! Er kam und wohnte bei den Tieren. Als Jesus versucht wurde, ging Er zu den wilden Tieren, wie nachfolgend geschrieben steht: **Und er war in der Wüste vierzig Tage und wurde versucht von dem Satan und war bei den Tieren, und die Engel dienten ihm (Mk 1,13).** Dort blieb Er vierzig Tage und wurde von Satan auf die Probe gestellt. Er lebte mit den wilden Tieren zusammen und die Engel versorgten Ihn. Jesus lebte mit den wilden Tieren, mit den wilden Menschen, zusammen! Das ist Jesus! Mit den wilden Tieren beginnt Gott die Geschichte! Wir müssen auch manchmal mit wilden Tieren, mit Löwen, Bären und Wölfen, kämpfen.

Es steht geschrieben: **Siehe, ich sende euch wie Schafe mitten unter die Wölfe. Darum seid klug wie die Schlangen und ohne Falsch wie die Tauben (Mt 10,16).** Der Herr ist bei uns und hilft! Gestern sprach ich über Daniel, der sich in der Löwengrube aufhielt *(s. Predigt: „Gehe gläubig in die Zukunft" vom 17.12.2022).* Ich denke, wir alle müssen uns einmal „in der Löwengrube" befinden, um zu sehen, wie Gott ist und, dass Er uns bewahren kann. Es stehet geschrieben: **Und der König sprach zu Daniel: Daniel, du Knecht des lebendigen Gottes, hat dich dein Gott, dem du ohne Unterlass dienst, auch erretten können von den Löwen? (Dan 6,21b)** „Konnte Er dich bewahren?" Er kann es, ja! Und Er fing bei dem Heiland an! Er ging zu den Tieren! Dort sind die Ausgestoßenen und Ausgeschlossenen! Für diese kam Jesus! Er kam für uns Menschen, für dich, für mich und für uns alle.

Über König Nebukadnezar lesen wir, was nachfolgend geschrieben steht: **Man wird dich aus der Gemeinschaft der Menschen verstoßen, und du musst bei den Tieren des Feldes bleiben, und man wird dich Kraut fressen lassen wie die Rinder, und du wirst vom Tau des Himmels nass werden, und sieben Zeiten werden über dich hingehen, bis du erkennst, dass der Höchste Gewalt hat über die Königreiche der Menschen und sie gibt, wem er will (Dan 4,22).** Wir wohnen manchmal unter den wilden Tieren und müssen mit ihnen kämpfen! Das ist Gott! Jesus ging extra „zu den wilden Tieren". Das heißt, Er ging zu dem wilden Nachbarn in deiner Umgebung, zu den wilden Angehörigen, die sich in deiner Familie befinden, die dich zerreißen und auseinandernehmen wollen und die dir Probleme bereiten. Der Heiland kommt! Du musst keine Angst haben, denn du kannst beten, „lieber Heiland, hilf mir! Steh mir bei!" und wirst überleben. „Konnte Gott dich bewahren, Daniel?" Ja, Halleluja! Er konnte es! Bei den wilden Tieren können wir Gott erfahren! Hier kommt uns dieser unnahbare Gott nahe! Du sprichst bevor du den wilden Tieren vorgeworfen wirst das Gebet: „O Gott, halte mich fest! Jesus, halte mich fest!" Wir müssen unseren Glauben ausleben! Lies einmal den Brief an die Hebräer Kapitel 11, und erkenne, was diesbezüglich darin alles geschrieben steht. Was taten die

Glaubenshelden nicht alles! Sie löschten aus des Feuers Kraft (s. Hebr 11,34a), sie nahmen es mit den wilden Tieren auf (s. Hebr 11,33d), Frauen erhielten ihre Männer zurück (s. Hebr 11,35a). Hier können wir Gott erfahren, wie Er vollkommen ist in einer unvollkommenen Welt!

In einem Stall wurde Jesus geboren! Stell dir das einmal vor! In einer Krippe finden wir Ihn vor, ganz klein, bescheiden und unscheinbar! Wir möchten den Herrn groß erleben: *„Großer Gott, wir loben Dich! Herr, wir preisen Deinen Namen!"* Nein! Wir sollten damit beginnen, den kleinen und geringen Gott zu loben, wie folgt: „Großer Gott, ich danke Dir, dass Du so klein wurdest und in meinem Brustkorb wohnen kannst; in meinem Herzen, das so groß ist wie eine Faust."

Jesus sprach: *„Mein Reich ist nicht von dieser Welt."* (Siehe Joh 18,36a) Und: *„Wäre mein Reich von dieser Welt, meine Diener würden darum kämpfen".* (Siehe Joh 18,36b) Das fand damals während der Verhaftung Jesu statt. Gott möchte bei uns wohnen und bei uns bleiben. Und dann spricht Er, was nachfolgend geschrieben steht: **<u>Und siehe, ich bin bei euch alle Tage bis an der Welt Ende (Mt 28,20b).</u>** Dieser Jesus, der zu uns kam, ist bei uns alle Tage, auch wenn Er im Himmel ist. Weißt du, die sichtbare und die unsichtbare Welt gehören über das Grab hinaus, über Ostern und die Kreuzigung, zusammen! Krippe, Kreuz und Krone! *„Jesus Christus herrscht als König, alles ist Ihm untertänig".* Und weiter steht geschrieben: <u>Und Jesus trat herzu, redete mit ihnen und sprach:</u> **<u>Mir ist gegeben alle Gewalt im Himmel und auf Erden (Mt 28,18).</u>** Und dann noch: *„Fürchtet euch nicht!"* (s. Mt 28,10a) Dieser kleine Jesus, der in der Krippe zu Bethlehem geboren wurde, hat alle Gewalt! Alles ist Ihm untertan! Er gibt den Plan Gottes vor, und wir haben jetzt eine Zuflucht bei Jesus in der Krippe. Du musst nicht weit rennen, bis du in einem Tempel ankommst. Betrachte das kleine Jesuskind in der Krippe! Weihnachten! *„O du fröhliche"*, Halleluja!, *„o du selige, gnadenbringende Weihnachtszeit."* *„O du fröhliche"* – dieses Lied gibt es auch für die Osterzeit. Wir dürfen uns freuen und den

Weg zu Gott finden! Du musst keine Angst vor dem Herrn haben! Er ist so klein, dass du Ihn sogar auf dem Arm tragen kannst! Ich kann Ihn mitnehmen, wo auch immer ich hingehe. Jesus sprach: „Ich will bei euch Menschen wohnen" (s. Joh 1,14a). Das erfüllte sich buchstäblich im Stall zu Bethlehem! Es ist sehr wichtig, dass wir das Folgende begreifen: Es war nicht irgendwo in Jerusalem, in Nazareth oder in Galiläa. Es war auch nicht auf dem Berg Tabor oder auf dem Berg Sinai, sondern in Bethlehem! Dort wollte Gott das Licht der Welt erblicken! Das in der Bibel bezüglich der Weihnachtsgeschichte Verfasste hat alles seinen Grund, was es auch immer sein mag. Es gibt einen Grund dafür, dass Jesus am 24. Dezember das Licht der Welt erblickte, da die dunkelste Nacht war. Während dieser Zeit erwartete man das Licht. Nach der dunkelsten Nacht wurden nun die Tage immer heller. Die Gegenwart Gottes ist da, wo Jesus ist. Wo Jesus ist, ist der Himmel! Die Herrlichkeit des Herrn offenbarte sich in der Stiftshütte (s. 2 Mose 40,34), im Tempel, da die Einweihung stattfand (s. 2 Chr 7,1b). Die Herrlichkeit Gottes war da! Die Leute konnten nicht einmal mehr stehen, weil diese Herrlichkeit so groß war (s. 2 Chr 7,3). Das brauchen wir auch manchmal! In unseren kritischen Stunden und Momenten benötigen wir die Herrlichkeit Gottes, und zwar so sehr, dass wir nicht mehr stehen können. Wir müssen einfach in die Knie gehen und beten: „Himmlischer Vater, ich danke Dir, dass Du bei mir bist und dass Du mich nicht vergessen hast." Gott bewies uns durch die Krippe, dass Er uns weder vergaß noch aufgab. So spricht der Herr: **Meine Wohnung soll unter ihnen sein, und ich will ihr Gott sein, und sie sollen mein Volk sein, damit auch die Völker erfahren, dass ich der HERR bin, der Israel heilig macht, wenn mein Heiligtum für immer unter ihnen sein wird (Hes 37,27f.).** Sobald Jesus in unser Leben kommt, ist der Stall ein heiliger Stall. Die heilige Nacht, da Jesu Geburt stattfand, war eine heilige Nacht. Alles ist so heilig! Plötzlich ist dein Leben heilig! Sobald Jesus deine Wohnung betritt, ist sie eine heilige Burg bzw. eine heilige Festung. Gott ist da! Solange du Jesus anrufst, ist der Himmel bei dir, wie nachfolgend geschrieben steht: **Und rufe mich an in der Not, so will ich dich erretten, und du sollst mich preisen (Ps 50,15).** Dann wird dir geholfen werden. Als

Jesus am Kreuz die Worte *„Es ist vollbracht!"* ausrief (s. Joh 19,30a), zerriss sogar der Vorhang im Tempel (s. Mt 27,51a). Gott ist stark! Er arbeitet nach Plan, ganz exakt. In dem Moment, da Jesus Seinen Geist aufgab, zerriss im Tempel der Vorhang. Das Ziel der Erlösung war erreicht und Gottes Wille war erfüllt. In der Krippe begann es und am Kreuz wurde es vollendet. Es ist vollbracht! Es ist getan!

Gott geht einen ungewöhnlichen Weg und betritt die Erde. Jeder soll erfahren, wo und wie das stattfindet. Jeder soll sein eigenes Erlebnis haben. Die Hirten gingen hin und jeder erlebte den Herrn anders. Die Weisen erlebten Ihn anders als die Hirten. Die Hirten konnten es gar nicht fassen, als sie die Worte hörten: *„Euch ist heute der Heiland geboren"*. (Siehe Lk 2,11a) Der Herr wählte die Krippe und das Kreuz. Er wählte das Zeichen des Jona. Er sprach: „Den Israeliten wird kein anderes Zeichen gegeben werden, als das Zeichen des Propheten Jona." (Siehe Mt 12,39b) Jona war drei Tage im Bauch des Fisches; drei Tage im Grab (s. Jon 2,1b). Zu Weihnachten berührt der Himmel die Erde! Halleluja, Lob und Dank! Hier wird die Erwartung der Völker erfüllt! Das Lamm wird erwartet!

Ich komme wieder zum Stall und zur Krippe zurück: In Bethlehem gab es einen bestimmten Ort, an dem die Opferlämmer erwartet wurden. Die Hirten wussten: „Ganz besonders hier werden die Opferlämmer für den Tempel geboren. Hier wird der Messias und Heiland zur Welt kommen!" Sie suchten nicht alle Ställe ab, ob sich dort irgendwo vielleicht ein Kind aufhalten würde. Nein, sie wussten ganz genau, dass hier in dieser einen, ganz bestimmten Gegend, Opferlämmer geboren werden würden. Die Geburt Jesu wurde von Gottes langer Hand exakt vorbereitet! Hier geht es um das Opferlamm im Tempel. Jesus war das Opferlamm im Tempel, denn als Er starb, gab es die folgende Reaktion: Der Vorhang zerriss von oben nach unten (s. Lk 23,45b). Er teilte sich nicht etwa von unten nach oben, sondern von oben nach unten. Gott bewirkte es. Nicht die Menschen unternahmen etwas, damit sich der Vorhang zerteilt. Wenn der Herr etwas bewirkt, ist alles perfekt, und zwar zeitlich und räumlich. Weihnachten ist zeitlich und räumlich perfekt! Es steht geschrieben: **Als die Zeit erfüllt war, sandte Gott seinen Sohn (Gal 4,4a).** Vorher sandte Er Ihn nicht! Sara hätte den Heiland auch zur Welt bringen können. Aber das tat Er nicht. Tausende und abertausende Frauen bekamen Babys, aber diese waren es alle nicht. Es musste Maria sein, die Jesus durch den Heiligen Geist gebar. Der Herr kommt nicht etwa zu einer Zeit, da es uns vortrefflich passt, sondern da es uns absolut nicht passt. Er kam in Bethlehem zur Welt. Sie waren so beschäftigt mit allem Möglichen, dass sie gar nicht merkten, dass da etwas Großes geschah. Gottes Sohn kommt in unseren Raum, in unseren Stall, „in unseren Saustall" oder was auch immer wir für einen Stall haben. Im Stall ist nichts perfekt! Da ist Stroh, Heu u. v. m. ganz durcheinander und unordentlich. In unser Durcheinander kommt der Heiland! Er will Ordnung schaffen. Die Botschaft Gottes lautet: *„Euch ist heute der Retter geboren".* Da wird aufgeräumt! „Der König kommt! Der König kommt! Der König kommt!" Jesus kam während der Sonnenwende, als die längste dunkelste Zeit des Jahres stattfand. Die Engel gaben den Eckpunkt, den Anhaltspunkt und den Hinweis, wo Er geboren werden sollte, sodass es die Hirten leicht herausfinden konnten: „Dort, wo die Opferlämmer für den Tempel geboren werden, wird der Retter sein! Dort wird bestimmt auch das Lamm Gottes sein, das würdig ist, die Siegel aufzutun." (Siehe Offb 5,9a) Und dann, was weiß ich, was das Lamm Gottes auf dieser Welt noch alles anstellen soll. Jesus wurde geboren und starb, wie Gott es wollte und brauchte. Es geschah exakt so, wie Er es plante in Seinem weisen Ratschluss. Der Wille Gottes geschieht. Der Herr setzt sich durch! Josef kann denken, was er will. Kaiser Augustus kann tun, was er will. Er muss dem Willen Gottes gerecht werden, ob es ihm nun passt oder nicht. Das ist der Herr! So kam der Heiland zu uns. Ich will dir die Weihnachtsbotschaft nicht kaputtmachen. Habe keine Angst! Zittere nicht! Lass dich nicht in Panik versetzen durch das, was alles in dieser Welt passiert! Bleibe ruhig! Gott macht es schon recht! Er wird die Seinen durch die Stürme und Gefahren hindurch tragen.

Weihnachten, Karfreitag, Ostern, Pfingsten – da ist nichts Außerplanmäßiges, da ist kein Zufall! Wenn der Herr wirkt, gibt es keinen Zufall! Wenn wir das Wort Zufall verwenden, geschieht das nur, weil Gott „nicht unterschreiben will". Dieser Begriff ist ein Pseudonym für Gott. Der Herr überlässt nichts dem Zufall, ganz besonders dann nicht, wenn es um Seinen Sohn geht. Betrachte die ganze Fügung, das Schicksal und alles, was auch so in unserem Lebe stattfindet. Wenn ich mein Leben betrachte, denke ich manchmal, „das war Zufall", aber es war kein Zufall! Denn Zufall gibt es nicht. Gott geht planmäßig vor. Im Stall zu Bethlehem kommt Er zur Welt und stirbt am Kreuz. Jesus hätte auch woanders sterben können. Satan wollte, dass Er im Garten Gethsemane stirbt. Es wäre vielleicht bequemer. Unter einem Baum bekommt Er einen Herzinfarkt und alles ist vorbei. Doch der Herr wollte, dass Er am Kreuz stirbt und dass das Kreuz das Zeichen der Erlösung ist. *„Unter diesem Zeichen siegen wir."* Ja, das Kreuz! Jesus sprach: *„Dein Wille geschehe!"* (Siehe Lk 22,42b) Auch Jesus musste sich dem Willen Gottes fügen. Nachdem Er diese Worte ausgesprochen hatte, kam der Engel und stärkte Ihn (s. Lk 22,43).

Gott überlässt, damals wie heute, nichts dem Zufall. Ich wurde so gestärkt in meinem persönlichen Leben. Ob jemand stirbt oder geboren wird, das ist ganz egal, es gibt keinen Zufall. Auch in unserem Leben ist alles bis ins Detail geplant. Ein Rädchen greift in ein anderes. Im Wort Gottes lesen wir mitunter Belangloses. Eine Zeit lang, als ich die Bibel noch nicht richtig verstand, obwohl ich Theologie studiert hatte, sann ich über einfache Sachen nach, wie z. B. darüber, dass Maria Windeln mitnahm (s. Lk 2,7a), oder auch darüber, dass das Kind in Windeln gewickelt war (s. Lk 2,12). In den ersten Stunden werden die Tempel-Opfer-Lämmer, die ohne Fehl und Makel sind, in Tücher gewickelt, damit sie unversehrt bleiben. Es ist so wichtig, dass ein reines, unschuldiges und unbeflecktes Lamm in den Tempel gebracht wird! Deshalb nahm auch Maria die Windeln mit. Jesus hätte auch nackt sein können. Das wäre kein Problem gewesen. Er hätte sich, auf Heu gebettet, lagern und ausruhen können. Manche Leute erwähnen das Wort Stroh. In einem Schafstall gibt es aber kein Stroh, sondern nur Heu. Wenn du dich mit der Natur ein wenig auskennst, dann weißt du, dass im Heu sehr viele Düfte, Pflanzen und Öle verborgen sind, die freigesetzt werden. So hätte es Jesus auch ergehen können, aber nein, Er wurde eingewickelt gleich einem Opfer-Tempel-Lamm. Es war die Praxis der Tempel-Hirten von damals, die Lämmer rein zu halten. Ihnen durfte nichts widerfahren! Also, es musste ein reines, unbeflecktes Lamm sein. Jesus war das Opferlamm und es machte Sinn, Ihn kurzerhand in Windeln einzuwickeln und in die Hände zu nehmen. Die Hirten wussten ganz genau, in welcher Krippe sich der Erlöser und Retter befand. In Bethlehem gab es viele Krippen, aber es musste eine besondere Krippe sein, in der die Tempel-Opfer-Lämmer geboren wurden. Gott sprach ganz klar: „Geht nach Bethlehem", also dorthin, wo die Tempel-Opfer-Lämmer geboren wurden, die für unsere Erlösung und die Sühne gebraucht wurden. Jesus, der Sohn Gottes, kam nicht natürlich zur Welt. Es war ein Werk des Heiligen Geistes. Es war bis ins Detail Gottes Werk und Plan. Die Geburt Jesu war kein Menschenwerk. Das gilt auch hinsichtlich deiner Bekehrung. Du sagst: „Dieser oder jener Evangelist bekehrte mich! Dieser oder jener führte mich zum Heiland!" Nein! Der Heilige Geist, Jesus Christus, bekehrt und rettet uns! Hätte Gott uns nicht gezogen, wären wir gar nicht gekommen! Weihnachten ist ein Werk des Herrn! Das Krippenspiel ist ein Stück unserer Erlösung.

Die Geburt Jesu war weder eine Panne noch ein Unfall, wie manche Leute äußern: „Ja, es war kein Raum in der Herberge". Nein! So musste es sein! Wenn Gott etwas bewirkt, muss es so sein. Da kann Satan sich auf den Kopf stellen. Kaiser Augustus kann wüten so viel er will. Da können die Mächtigen unternehmen, was sie wollen, sie schaffen es nicht, denn der Wille Gottes geschieht. Es muss so sein. Es war ein Werk Gottes von Anfang der Zeugung an, bis zur Entbindung im Stall und bis hin zum Kreuz. Als Jesus merkte, dass Seine Zeit gekommen war, richtete Er schnurstracks den Blick nach Jerusalem (s. Lk 9,51), denn Er wusste: „Jetzt muss ich gekreuzigt werden. Jetzt muss ich den Weg des Leidens gehen."

Ich lese im Buch des Propheten Micha, dass Jesus in Bethlehem geboren werden musste. Das erfuhren später die Weisen durch die Bibelforscher, die in der Schrift nachforschten, wo der neugeborene König zur Welt kommen würde: in Bethlehem!, wie nachfolgend geschrieben steht: **Und du, Bethlehem Efrata, die du klein bist unter den Tausenden in Juda, aus dir soll mir der kommen, der in Israel Herr sei,** dessen Ausgang von Anfang und von Ewigkeit her gewesen ist **(Mi 5,1).** Bethlehem, du kleinste unter den Stätten Efrata, aus dir soll der Messias, der Heiland und Erlöser kommen! Und dann steht geschrieben: **Zur selben Zeit, spricht der HERR, will ich die Lahmen sammeln und die Verstoßenen zusammenbringen, alle, die ich geplagt habe. Ich will die Lahmen als Rest übrig lassen und die Verstoßenen zum mächtigen Volk machen. Und der HERR wird König über sie sein auf dem Berge Zion von nun an bis in Ewigkeit. Und du, Turm der Herde, du Feste der Tochter Zion, zu dir wird kommen und wiederkehren die frühere Herrschaft, das Königtum der Tochter Jerusalem (Mi 4,6-8).** Die Lahmen waren die Hirten! *„Zum mächtigen Volk"* heißt, „zu den Botschaftern Gottes". Was passierte da? Da haben wir eine Prophezeiung über das Königreich Gottes! Zu dir soll der König aller Könige und der Herr aller Herren kommen! Aus dir wird ein König von Gottes Gnaden geboren! D. h., Er ist nicht so, wie die Menschen sind, sondern von Gottes Gnaden, also ein König aller Könige und ein Herr aller Herren! Das wird Jesus sein! Deshalb riefen die Weisen aus, dass in Jerusalem niemand wusste, was sich ereignete.

Wenn man das Wort Gottes gründlich studiert, erfährt man, wo Seine Geburtsstätte ist und was passiert. *„Wo ist der neugeborene König der Juden? Wir haben Seinen Stern aufgehen sehen"* usw. Wo passierte es? Es war ein Zeichen am Himmel sichtbar! Schau nur, wie exakt der Herr arbeitet! Sogar der Himmel und das Universum spielten da mit! Im Sternbild Jungfrau verbanden sich Jupiter und Saturn! Plötzlich wussten sie es ganz genau! Es war keine Frage mehr offen: In Palästina, Israel, da musste der König zur Welt kommen. Du musst die Zusammenhänge verstehen, wie Gott arbeitet und alles plant! Im 1. Buch Mose Kapitel 35 erfahren wir, warum Jesus in Bethlehem geboren werden sollte. Hier lesen wir, was nachfolgend geschrieben steht: **Und als es noch eine Strecke Weges war bis Efrata, da gebar Rahel (1 Mose 35,16b).** Als Jakob noch auf dem Weg nach Bethlehem zum Brothaus war, gebar Rahel. Sohn Ben-Jamin kam zur Welt und Rahel starb kurz nach der Geburt, wie geschrieben steht, siehe hier: **Da ihr aber die Geburt so schwer wurde, sprach die Hebamme zu ihr: Fürchte dich nicht, denn auch diesmal wirst du einen Sohn haben. Als ihr aber das Leben entwich und sie sterben musste, nannte sie ihn Ben-Oni, aber sein Vater nannte ihn Ben-Jamin (1 Mose 35,17f.).** *„Als ihr aber das Leben entwich"* heißt, dass sie keine Kraft mehr zum Entbinden hatte. Das ist *auch* eine Geschichte. Und weiter steht geschrieben: **So starb Rahel und wurde begraben an dem Wege nach Efrata, das nun Bethlehem heißt (1 Mose 35,19).** Wir müssen die Zusammenhänge verstehen. Das fand statt, weil Rahel dort begraben war. An einer anderen Stelle steht wiederum geschrieben, dass Rahel ihre Kinder beweinte (s. Mt 2,18b). Das bezieht sich auf den Kindermord, den Herodes befahl (s. Mt 2,16). Alles spielt irgendwie zusammen. Das ist mysteriös und unverständlich. Du fragst dich: „Wie ist das nur möglich? Das ist ein Zufall. Bei Gott gibt es keinen Zufall! Im 1. Buch Mose lesen wir, was nachfolgend geschrieben steht: **Und Jakob richtete einen Stein auf über ihrem Grab; das ist das Grabmal Rahels bis auf diesen Tag (1 Mose 35,20).** Mit dem *„Stein"* könnte ein Obelisk oder dergleichen gemeint sein. Daraus wird ersichtlich, dass exakt dort, wo Rahel, die Frau Jakobs, starb, der Sohn Gottes geboren wurde! Erkennst du das Zusammenwirken des Herrn? Der Name „Ben-Jamin" bedeutet „Zur rechten Hand". Jesus stieg zur rechten Hand des Vaters in den Himmel auf! Das alles passierte exakt! *„So starb Rahel und wurde begraben an dem Wege nach Efrata, das nun Bethlehem heißt."* Jakob stellte eine Säule an das Grab, die bis auf den heutigen Tag bestehen blieb. Selbst ein törichter Mensch würde dieses Grab finden, aufgrund dieser Säule bzw. dieses Obelisken! Exakt dort wurden die Opfer-Tempel-Lämmer geboren! Der Herr arbeitet exakt!

Auch in deinem Leben gibt es keinen Zufall. Und ich fahre fort mit dem, was dann noch geschrieben steht: **<u>Und Israel zog weiter und schlug sein Zelt auf jenseits von Migdal-Eder (1 Mose 35,21).</u>** Der *„Turm der Herde"*, von dem der Prophet Micha sprach, und der *„Turm von Migdal-Eder"* sind ein und derselbe Ort! Die Stätte, an der Jesu Geburt stattfand, sind ein und derselbe Ort und ein und dieselbe Zeit! Alles geschieht gleichzeitig! Hier an diesem Ort werden die Lämmer solange gehalten, bis sie dann im Tempel für das Passamahl geopfert werden. Dort werden sie von dem jeweiligen Hohepriester als die besonderen, heiligen Tiere gepflegt. Für dieses Opfer sind nicht Tausende von Tieren nötig! Aber das Opferlamm, das Hauptlamm, dem die ganze Schuld des Volkes auferlegt wurde, dieses Tier kam in Bethlehem, am Ort des Turms der Herde, zur Welt.

Die Hirten wussten ganz genau, wo sie Jesus suchen sollten. Auch du erfährst, wo du Jesus suchen sollst: Hier an der Krippe. *„Ihr Kinderlein kommet, o kommet doch all'"*. Wir Menschen sollten zur Krippe kommen, wieder Kinder werden, wieder Menschen werden, und nicht so groß und bigottisch sein. Komm zur Krippe! Komm zum Heiland! Bewundere Ihn! Sprich mit Ihm! Er wird dir nichts sagen, aber du spürst Ihn.

Gott arbeitet „auf Nummer Sicher". Geschwister, das will ich betonen! Er arbeitet ganz exakt. Er geht auf Nummer Sicher, auch in unserem Leben! Da gibt es keinen Platz für irgendeinen Zufall! Interessanterweise gebar Rahel Ben-Oni. Stell dir nur einmal vor: Rahel ist hier das sogenannte Mutterschaf. Jakob verlieh nach deren Tod seinem Sohn einen anderen Namen: *„Zur rechten Hand"*. Es ist die rechte Hand Gottes! Jesus steht zur Rechten der Majestät Gottes; auch derzeit! Ganz gleich, was wir vollziehen, Er ist immer noch der Herr. *„Mir ist gegeben alle Gewalt im Himmel und auf Erden"*, spricht Jesus. Ja, Krippe, Kreuz und Krone. Ich fand keine Krone, sonst hätte ich heute Morgen auch die Krone noch an diesem Pult dargestellt. Kreuz und Krone! *„Efrata"* bedeutet „Fruchtbarkeit", *„Bethel"* bedeutet „Haus Gottes", und „*Bethlehem*" bedeutet „Haus des Brotes". Das alles hat eine Bedeutung! Was auch immer im Kleinen wie im Großen geschieht, hat eine Bedeutung! Vor allem aber das, was im Kleinen geschieht, denn das Große bedarf keiner Erklärung. Gerade im Kleinen geschieht das, was der Herr exakt will. Jesus wurde dort geboren, wo die Tempel-Opfer-Lämmer geboren und gehalten wurden. Er wurde in Windeln gewickelt, damit dem kleinen Kerlchen nichts zustößt; Er rein und unschuldig ist. Dann wurde Er in einen Futtertrog gelegt. Ich muss mich korrigieren. Ich habe mich ausführlich darüber informiert, wo Seine Krippe war, denn eigentlich heißt es, dass man den Heiland in einem Futtertrog aus Stein bettete! Man legte Ihn also nicht in eine solche Holzkrippe, wie sie der Schreiner fertigt.

Das „*Brot des Lebens*", das auf diese Welt kam: Der Herr hielt Sein Wort, damit wir weder verhungern noch enttäuscht werden. Er gab Jesus! Wir feiern das Abendmahl, und in diesem Zusammenhang steht geschrieben: **Das ist mein Leib, der für euch gegeben wird (Lk 22,19b).** Nehmt. Und dann spricht der Herr, was nachfolgend geschrieben steht: **Ich bin das Brot des Lebens (Joh 6,48).**

Wir sollen ganz einfach und ganz schlicht zur Krippe kommen. Dort werden wir das Kreuz entdecken. Das ist dann die nächste Etappe. Wie wichtig das Kreuz ist, darüber werde ich bestimmt zu Ostern predigen. Ohne Leiden können wir den Himmel nicht erreichen. Wir müssen diesen Weg gehen. Jesus wurde im Stall erniedrigt und am Kreuz erhöht. Jesus sprach: „*Und ich, wenn ich erhöht werde von der Erde, so will ich alle zu mir ziehen.*" (Siehe Joh 12,32) Das war das Kreuz. Das Kreuz ist der Thron Jesu. Dort regiert Er und bestimmt: „*Vater, vergib ihnen*" (s. Lk 23,34a) und „*Frau, siehe, das ist dein Sohn!*" (Siehe Joh 19,26b) Und auch: „*Siehe, das ist deine Mutter!*" (Siehe Joh 19,27a) Außerdem sprach Er: „*Heute noch wirst du mit mir im Paradies sein.*" (Siehe Lk 23,43 EU) Am Kreuz regierte der Herr Jesus! Betrachte, was am Kreuz alles stattfand! In der Krippe kam Er zur Welt, aber am Kreuz regierte Er. „*Und ich, wenn ich erhöht werde von der Erde, so will ich alle zu mir ziehen.*"

Der Schächer war der Erste, den Er zog! *„Gedenke meiner, wenn Du in Dein Reich kommst!"* (Siehe Lk 23,42 ELB) „Krippe und Kreuz" erniedrigen den Stolzen und erhöhen den Demütigen, Kleinen, Geringen, Armen und Schwachen.

Es steht geschrieben: **Mein Anteil ist der Herr (Klgl 3,24a EU).** Und ich hoffe heute Morgen, dass Er auch dein Anteil ist. Des Weiteren steht geschrieben: **Darum harre ich auf Ihn. Gut ist der HERR zu dem, der auf ihn hofft, zur Seele, die ihn sucht (Klgl 3,24b-25 EU).** Und es steht auch geschrieben: **Ich harre des HERRN, meine Seele harret, und ich hoffe auf sein Wort (Ps 130,5).** Ja, Herr, meine Seele verzehrt sich nach Deinem Heil, auf Dein Wort setze ich meine ganze Hoffnung! Komm zur Krippe! Das ist alles! Werde bescheiden, einfach und schlicht! Bilde dir nichts ein! Rede dir nicht ein, dass du besser wärst als die anderen! Wir sind allesamt Sünder und ermangeln des Ruhmes, den wir bei Gott haben sollen (s. Röm 3,23). Bilde dir nichts ein! Komm in den Stall! Wenn sogar der Heiland in den Stall ging, solltest du dir nichts einbilden, wie etwa: „Ja, ich bin etwas Besseres! Ich gehöre in den Tempel, in die Kathedrale!" Nein, komm „in den Stall", in dem die Probleme und Kämpfe sind, und in dem die Hirten übernachteten.

Einmal in meinem Leben – es war kein Zufall, eigentlich verlief ich mich im Hochgebirge – gelangte ich zu einem Schafstall. Während ich so dalag und schlief, gleich dem Christuskind damals, öffnete der Hirte die Tür und eine Menge Schafe kamen herein. Ich fragte: „Muss ich hinausgehen?" Der Hirte sagte: „Nein, bleiben Sie hier. Die Schafe werden Ihnen kein Leid zufügen." Ich unterhielt mich ein wenig mit dem Hirten und sagte: „Wissen Sie, die Schafe strahlen eine solche Ruhe aus!" Wenn du einmal in einen Schafstall hineinfandest, strahlst du die Ruhe und den Frieden Gottes aus. Am Morgen trat ich erfrischt und wie neu heraus. Der Hirte führte gerade die Schafe heraus. *„Ich bin sicher"*, steht geschrieben (s. Röm 8,18 NeÜ), „dass wir am Ende nicht enttäuscht sein werden." Der Herr verzieht noch verzögert sich nicht, aber als die Zeit erfüllt war, sandte Er Seinen Sohn, ganz einfach und schlicht. Während du im Stall schläfst, tritt plötzlich der Hirte mit seinen Schafen ein.

Warum die Krippe? Im Evangelium nach Lukas finden wir einen sehr interessanten Bericht darüber, was unmittelbar nach der Geburt Jesu geschah: Er wird in Windeln gewickelt in einer Krippe liegen (s. Lk 2,7a). Maria brachte Jesus in Bethlehem zur Welt, wie nachfolgend geschrieben steht: **Und sie gebar ihren erstgeborenen Sohn und wickelte ihn in Windeln und legte ihn in eine Krippe, weil in der Herberge kein Raum für sie war (Lk 2,7 ELB).** Darüber gibt es viel Gerede. Aber der Herr plante es so. Der Heiland sollte in einer Krippe geboren werden, damit die Engel etwas zu verkündigen haben: „Geht nach Bethlehem". Sonst wäre das Jesuskind gar nicht gefunden worden! Stellt euch nur einmal vor, Er wäre im „Hotel zum Löwen" oder in diesem oder jenem geboren! Der Wirt hätte Ihm gar keinen Zutritt gewährt! Er hätte zuvor erst einen Test machen müssen, um es Ihm zu ermöglichen. Um Zutritt zu einem Stall gewährt zu bekommen, benötigst du keinen Test. Da kannst du einfach eintreten. Es steht geschrieben: **Und das habt zum Zeichen: Ihr werdet finden das Kind in Windeln gewickelt und in einer Krippe liegen (Lk 2,12).** Ja, das wird das Zeichen für euch, liebe Hirten, sein. In einen Futtertrog wurde der Heiland gelegt! Nach der Ankündigung der Engel machten sich die Hirten sofort auf den Weg! Sie wollten nicht warten, waren darüber erstaunt und wollten sofort in Erfahrung bringen, ob das wahr ist. „Führt uns Gott an der Nase herum?" Sie gingen hin und fanden es genauso vor, wie die Engel es beschrieben hatten. Die Engel gingen ihnen voran. Mehr trug sich nicht zu! Das Krippenspiel ist nur ein Spiel – gleich einem Schachspiel wird etwas auf den Punkt gebracht und dann beginnt das Spiel wieder neu; es ist nicht mehr –, aber während wir spielen, entdecken wir die Geheimnisse des Lebens. Sie dachten bei sich: „Lasst uns sehen, ob diese Geschichte stimmt." Weiter steht geschrieben: **So eilten sie hin und fanden Maria und Josef und das Kind, das in der Krippe lag (Lk 2,16 EU).** Wie ich euch vor ein paar Tagen verkündigte, wurde Jesus dort geboren. Das sahen die Weisen auch und empfanden es nach, so wie wir heute. Eine Krippe, ein Futtertrog für die Tiere, ist das Zuhause für den Heiland! Ein bisschen Heu, ein bisschen Leben, doch da passiert etwas! Selbst die Tiere haben keine Angst vor dem Heiland. Das Erste, was der Herr erlöste, war nicht der Mensch! Es war eine Eselin mit ihrem Eselfohlen! Dieses Tier wurde auf der Straße erhängt und der Öffentlichkeit preisgegeben, jeder durfte damit machen, was er wollte, weil es sich versündigt hatte. Es brachte auf irgendeine Art und Weise einen Menschen um; es stieß ihn. Dieses Eselsfüllen war das erste, das die Erlösung erfahren hatte! Auf diesem Tier ritt der Herr Jesus und zog damit in Jerusalem ein (s. Sach 9,9b; Joh 12,14f.). Er war bei den wilden Tieren. Ja, der Heiland fing Seine Erlösung bei den wilden Tieren an!

Es ist so wichtig, dass du den Herrn begreifst! Jesus lebt! Er sprach von sich selbst: *„Ich bin das Brot des Lebens."* (Siehe Joh 6,35a) Ja, Er ist der König aller Könige (s. 1 Tim 6,15b). *„Mir ist gegeben alle Gewalt im Himmel und auf Erden."* (Siehe Mt 28,18b) Du solltest dich einfach für den Herrn öffnen. Das solltest du nicht theologisch tun: „Wie kann ich das verstehen? Ich verstehe es nicht!" Hier eine kleine Episode dazu: In meiner damaligen Gemeinde gab es einen Bruder, der sich die Haare raufte: „Ich verstehe nicht! Pastor, kannst du es mir bitte erklären! Kannst du mit mir beten!" Nein! Was du nicht verstehst, musst du auch nicht wissen! Das ist für dich auch noch gar nicht wichtig! Aber das Einfache solltest du verstehen: Er kam in diese Welt. *„Alles schläft, einsam wacht nur das traute, hochheilige Paar."* Betrachte die Krippe: Josef, Maria und das Kind waren da, und vielleicht ein Schäfchen; vielleicht oder vielleicht auch nicht. Halte dich an die Krippe. Das ist so wichtig! Du solltest Bescheid wissen darüber: „Darin kam mein Heiland zur Welt!" Dort begann die Sache in aller Bescheidenheit! Es ist so einfach! Du sagst: „Ich habe ein Problem! Wie löse ich es?" Es ist so einfach! Du stellst dich deinem Problem! Du gehst auf die Sache zu. Zuerst versuchst du, das Problem auf deine Art und Weise zu lösen, bis du bemerkst: „Ich brauche Gottes Hilfe! Ohne Seine Hilfe läuft nichts!" Jesus war für die Hirten und für alle Menschen – also für das ganze Volk, für das Er kam – keine

Bedrohung, sondern eine Hilfe und Erquickung. Über Jesus und alle, die an Ihn glauben, braut sich ein Sturm zusammen. Herodes wollte die Kinder umbringen. Die Welt verschwor sich gegen Jesus. Ich will auch die andere Wahrheit sagen, nicht nur: „Der Heiland kam! Halleluja!" Nein, ich will auch sagen, dass nun die Probleme anfangen! Von dem Moment an, da Maria Jesus empfing, tauchten die Probleme auf: „Josef will mich verlassen!" und „Es gibt keinen Platz in der Herberge!" Betrachten wir es einmal anders. Maria dachte sich: „In einem Stall soll ich meinen Sohn gebären, den Sohn Gottes! Ach, das darf alles nicht wahr sein!" Da hört die ganze Gemütlichkeit auf! Da tun sich Abgründe auf! Satan will nicht, dass der Herr Sein Werk vollendet, uns erlöst, selig macht und errettet! Satan will, dass du in deinen Sünden versumpfst und darin untergehst! Doch es steht geschrieben: **Denn der Menschensohn ist gekommen, zu suchen und selig zu machen, was verloren ist (Lk 19,10).** Josef musste schnell seine Sachen packen und noch in derselben Nacht fliehen (s. Mt 2,13), denn Herodes wollte alles nur Mögliche tun, um den Sohn Gottes zu töten (s. Mt 2,16). Ja, diesen, der sogar durch die Sterne angekündigt wurde! Bleibe nicht an der Krippe stehen!

Bleibe nicht an der Krippe stehen, aber bleibe auch nicht am Kreuz stehen! „O dieses süße, heilige Kreuz!" Nein! Wir müssen Erlösung von diesen Dingen erfahren und weitergehen! Der Herr Jesus zog weiter! Bleibe auch nicht am Kreuz stehen! Bleibe nicht bei diesen schönen, gemütlichen Dingen stehen: „Ach, hier zu Bethlehem! Ach, süßer Jesus!" Gehe jetzt schnell nach Ägypten! Bleibe nicht an der Krippe stehen! Bleibe nicht am Grab stehen! Lebe weiter! Jetzt kommt Pfingsten! Der Heilige Geist wird ausgegossen! Die Gemeinde zerstreut sich, aber sie lebt weiter! Sie vegetiert nicht, sondern sie lebt! Paulus verkündigte das Evangelium bis an alle Enden der Erde. Und nach Spanien wollte der Junge auch noch gehen (s. Röm 15,24a). Erreiche das Ziel Gottes! Die Krippe ist nur eine Zwischenstation! Das Kreuz ist nur eine Zwischenstation! Das Grab ist nur eine Zwischenstation! Das gilt auch für uns! Denke nicht, dass das Grab das Letzte ist. Nein! Das Grab ist nicht das Letzte in unserem Leben; es ist nur ein Übergang. Da muss das Sichtbare mit dem Unsichtbaren überkleidet werden. Verweile nicht bei den Segnungen: „O, die Ausgießung des Heiligen Geistes! Das ist etwas Sensationelles!" Bleibe nicht bei diesen ganzen fromm-religiösen Sensationen stehen! Das sind die Dinge, die Gott bewirkt! Er repariert die Welt! Er stellt die göttliche Ordnung wieder her! Bleibe nicht stehen bei all diesen Teiletappen, Segnungen und Segensstunden! Es ist herrlich, in der Herrlichkeit Gottes zu sein, ja, das stimmt, aber der Herr beschließt.

Als wir damals noch in der Gemeinde Friedrichstraße eingemietet waren, war dort ein korpulenter Herr aus Düsseldorf, Rheinland Pfalz, vor Ort. Sein Hemd spannte während er betete: „Lieber Gott, ich platze bald!" Aber irgendwann hört der Herr auf, zu segnen! Damals belehrte ich meine Kinder wie folgt: „Wenn es am besten schmeckt, muss man mit dem Essen aufhören." Das wurde mir bewusst, und das gilt auch bezüglich des Segens und der Herrlichkeit des Herrn! Wir gehen weiter! Diese Stationen durchlaufen wir. Hier müssen wir hindurch treten! Es sind alles nur Teilstrecken! Es gibt im Leben so viele Segnungen und Erfahrungen, durch die uns Gott die Fülle schenkt! Zuerst die Krippe; es beginnt ganz klein! Alles, was bei Gott passiert, fängt zunächst einmal ganz klein an. Satan kommt ganz groß, mit Glanz und Gloria. Doch der Heiland kommt wie ein Zwerg. Frage dich: „Ist das wirklich alles?" Und dann: „Gibt es nicht noch mehr?" Der Herr hat noch viel mehr für dich bereitet, als nur das Lied *„Süßer die Glocken nie klingen"*. Gott hat wirklich die ganze Weihnachtsfülle, die ganze Herrlichkeit! Der Himmel tut sich auf! Mit Jesus öffnen sich „die Fenster des Himmels" und die Herrlichkeit des Herrn tritt hervor! Das Leben wird lebenswert! Entdecke die ewigen Seiten des Lebens; das Unvergängliche! Da gibt es noch so viel zu entdecken! Es gibt die Krippe, das Kreuz und die Krone!

Was nach „der Krone" kommt, wissen wir nicht. Wir sprechen von einer dritten Dimension. Jemand machte sich Gedanken über das Jenseits und stellte fest, dass wir bis in die zwölfte Dimension hineingelangen! Was ist die zwölfte Dimension in der

Herrlichkeit Gottes? Das ist überhaupt nicht fassbar für uns! Nach diesem Leben stellt der Herr noch ein anderes Leben für uns bereit. Auch das dürfen wir im Glauben, Stufe für Stufe, einnehmen. Der Apostel Johannes schrieb: *„Ich schreibe euch, ihr Väter“*, *„Ich schreibe euch, ihr jungen Männer“*, *„Ich schreibe euch, ihr Kinder“.* (Siehe 1 Joh 2,13 SLT) Sie sollen wachsen und groß werden! Es steht geschrieben: **<u>Und Jesus nahm zu an Weisheit, Alter und Gnade bei Gott und den Menschen (Lk 2,52).</u>** Dann wurde Er im Alter von fünfunddreißig Jahren Messias und Rabbi.

Bleibe nicht auf irgendeiner Stufe deines geistlichen Lebens stehen, z. B. an der Krippe. Es gibt so viele Leute, die immer nur Weihnachten feiern. Sie bleiben dort stehen! Weihnachten, das ist okay, oder auch Ostern. Viele feiern nur das Osterfest. Die pfingstlich-charismatischen Gläubigen bleiben bei dem Pfingsttag stehen. Wir sollen weitergehen! Wir sollen weitermachen und dabei den Heiligen Geist wirken und arbeiten lassen! Das Kreuz ist nicht das Letzte! Leiden sind nicht das Letzte! Irgendwann einmal reißt uns der Herr aus der ganzen Betriebsamkeit und aus all den Aktionen und Aktivitäten heraus und wir werden erlöst.

Die ersten Christen zerstreuten sich, und diese, die zerstreut waren, verkündeten überall das Evangelium und teilten die Botschaft von Weihnachten allen Menschen auf dieser Erde mit (s. Apg 8,4; Mk 16,15). Und inmitten des Segens – ich möchte hier eine Wahrheit verkündigen, denn irgendwer muss sie hören, sonst stimmt irgendetwas bei dieser Person nicht –, predigt Philippus in Samaria, dass die Erweckung da wäre. Viele Leute bekehrten sich. Lies einmal die Apostelgeschichte (s. Apg 8,5-8). Plötzlich spricht der Heilige Geist zu Philippus: *„Geh nach Süden auf der einsamen Straße, die von Jerusalem nach Gaza führt.“* (Siehe Apg 8,26 NLB) Er weiß zwar gar nicht, was da stattfindet und was er dort machen soll, folgt Ihm aber. Dort angekommen, sieht er dann den Äthiopier, einen Schatzmeister, der gerade aus Jerusalem kommt (s. Apg 8,27) und etwas über Gott in Erfahrung bringen will (s.

Apg 8,28). Während dieser in der Schriftrolle des Propheten Jesaja die Überlieferung des Herrn liest, stellt ihm Philippus die Frage: *„Verstehst du auch, was du liest?"* (Siehe Apg 8,30) Er setzt sich zu dem Kämmerer auf den Wagen und erklärt ihm die Bedeutung von alledem (s. Apg 8,31-35). *„Geh nach Süden auf der einsamen Straße, die von Jerusalem nach Gaza führt."* Philippus verkündigte dem Kämmerer aus Äthiopien das Evangelium! „Begib dich auf die einsame Straße". Manchmal holt dich der Herr aus der frommen Betriebsamkeit heraus und nimmt dich auf die Seite. *„Geh nach Süden auf der einsamen Straße, die von Jerusalem nach Gaza führt"* sowie: „Dort habe ich eine Aufgabe für dich." Dort führte er dann die Äthiopier zu Jesus Christus. Philippus teilte ihm etwas über Jesus mit. Die Äthiopier waren die Ersten, die an Jesus und an das Alte Testament glaubten und es irgendwie zusammenbrachten. Das waren die Ersten, ja! Gott hat Arbeit! Er holt dich aus einer gesegneten Arbeit heraus und spricht: „Tue das!" Bleibe nicht an der Krippe stehen und denke: „Ach, wie wunderbar ist es hier! Herrlicher Jesus!" Ich war auch so manches Mal begeistert und dachte bei mir: „Ach, hoffentlich gehen diese ganzen Segnungen und Herrlichkeiten nicht vorbei! Hoffentlich löst sich das nicht irgendwie auf!" Aber der Heiland will uns noch mehr geben! Er will uns die ganze Fülle entdecken lassen!

Gebet: Lieber Heiland, ich danke Dir, dass Du uns allen ein interessantes, abenteuerliches Leben schenktest. Du riefst und errettetest uns, damit wir keine Langeweile haben. Wir gehen von Erkenntnis zu Erkenntnis, von Erfahrung zu Erfahrung und von Erlebnis zu Erlebnis. Wir bleiben nicht bei der Krippe, wir bleiben nicht bei dem Kreuz und wir bleiben nicht bei der Krone, wir gehen weiter bis zur zwölften Dimension, was auch immer das ist. Lieber Heiland, ich danke Dir, dass durch Dich unser Leben spannend und interessant wurde. Mit Dir gehen wir weiter von der Krippe, zum Kreuz, zur Krone. Nach dem Leben und nach dem Tod – wir machen weiter! In der Ewigkeit werden wir bei Dir sein allezeit. Halleluja! Und ich danke Dir, dass wir Weihnachten richtig verstehen können: Das Leben ist da! Wir sollen das Leben ergreifen von der Krippe an, über das Kreuz, bis hin zur Krone. Gott möge mit uns sein. Ich segne alle, die jetzt Weihnachten feiern und in die Weihnachtszeit, in den vierten Advent, hineingehen. Erlebe den Himmel, Gott und die Herrlichkeit! Erlebe die Geschenke des Himmels! Erlebe die Fülle des Herrn! Danke, Vater, dass Du das tust durch Deinen Sohn Jesus Christus! Amen

HINWEISE zur QUELLENANGABE

Die von mir verwendete Literatur:

Lange Bibelwerk, 1873 Leipzig. Die Schriften des Alten und Neuen Testaments erklärt und übersetzt für die Gegenwart. 1925 Göttingen, Vandenhoeck & Ruprecht. Außerdem Otto von Gerlach, Altes und Neues Testament (Anmerkungen) 1893 Leipzig (J. E. Heinrichs'sche Buchhandlung) und mein eigenes Archiv.

ANMERKUNG

Die meisten Schriftstellen sind der Lutherbibel entnommen, nur einige wenige nicht. Beachten Sie dazu bitte die nachfolgenden weiterführenden Hinweise.

Vergleichbare in diesem Buch aufgeführte Übersetzungen sind:

EU   Einheitsübersetzung 2016

ELB   Elberfelder Bibel

HFA   Hoffnung für alle

SLT   Schlachter 2000

NLB   Neues Leben Bibel

GNB   Gute Nachricht Bibel 2018

NeÜ   Neue evangelische Übersetzung

Predigtsammlung

Band 1

ISBN: 978-613-8-35336-2

Seitenzahl: 96

Herausgabe: 09.03.2023

Band 2

ISBN: 978-613-8-37845-7

Seitenzahl: 108

Herausgabe: 25.06.2024

Band 3

ISBN: 978-613-8-37873-0

Seitenzahl: 96

Herausgabe: 31.07.2024

Band 4

ISBN: 978-613-8-37884-6

Seitenzahl: 88

Herausgabe: 16.08.2024

Band 5

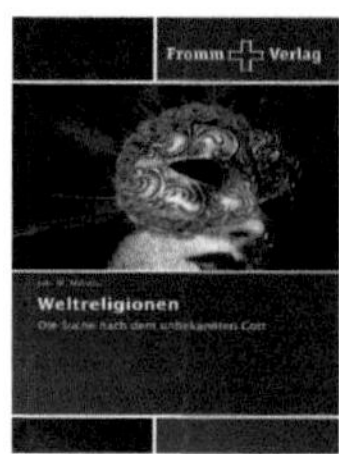

ISBN: 978-613-8-37886-0

Seitenzahl: 104

Herausgabe: 29.10.2024

Printed by Books on Demand GmbH, Norderstedt / Germany